Volker Knopf

Entdeckungsreisen
Lothringen und Luxemburg
Kulinarisches, Historisches, Kurioses

Mit Metz, Nancy und der Stadt Luxemburg

Volker Knopf

Entdeckungsreisen Lothringen und Luxemburg

Kulinarisches, Historisches, Kurioses

Mit Metz, Nancy und der Stadt Luxemburg

DER KLEINE BUCH VERLAG

Editorial

Willkommen zu den »Entdeckungsreisen Lothringen und Luxemburg« – der dritten Ausgabe der Entdecker-Reisen zu unseren westlichen Nachbarn. Wie auch in den beiden Bänden zuvor werden zwei Regionen miteinander verknüpft. Allerdings dieses Mal nicht über Département-Grenzen, sondern gar über eine Ländergrenze hinweg – wobei diese Grenze bekanntlich eher eine Marginalie ist. Schließlich befinden wir uns im europäischen Kernland. Die Regionen sind eng miteinander verknüpft. Wenn man auf eine Karte blickt, wird sichtbar, dass die Städte Nancy, Metz und Luxemburg wie eine Perlenkette aneinandergereiht sind – jeweils rund eine dreiviertel Autostunde voneinander entfernt. Auffällig ist im Übrigen, dass es über Metz und Nancy kaum Reiseführer auf Deutsch gibt. Keine Frage, ein echtes Versäumnis. Ich habe beide Städte oft bereist und mich auch ein klein wenig in sie verliebt. Metz, die herbe Schöne aus honiggelbem Sandstein und mit ihrer wilhelminischen Architektur. Nancy, die Prachtvolle, Verspielte mit ihren repräsentativen Renaissance- und Jugendstil-Bauten und ihrem nahezu italienischen Flair. Beide Städte sind ohne Probleme mit dem TGV erreichbar und liegen von Deutschland aus gesehen absolut verkehrsgünstig.

Metz gilt als cité illuminée. Nachts sind bedeutende Bauten stilvoll ins rechte Licht gerückt. Ein Spaziergang an der Mosel, ein Bummel durch die historischen Arkaden oder eine Visite beim Stephansdom sind schon alleine eine Reise wert. Auch Nancy punktet mit reichlich Charme. Der Place Stanislas gilt als einer der schönsten Plätze Europas, die Brasserie Flo Excelsior und die Villa Majorelle sind ein Meisterwerk des Jugendstils.

Kommen wir zum dritten Ereignis des Bandes: Luxemburg-Stadt. Die in Fels gehauene Kapitale des Großherzogtums ist ebenfalls eine oft unterschätzte Schönheit. Das prachtvolle Palais im Zentrum der Hauptstadt, die düsteren Kasematten, welche es wie ein »Schweizer Käse« im Felsinneren durchdringen, reizvolle Panoramaausblicke vom Kalkfelsen oder die Unterteilung in Ober- und Unterstadt (mit einem Fahrstuhl im Berg geht es hoch und runter) machen einen Besuch zu einem Erlebnis. Und: Sprachprobleme werden Sie garantiert keine haben, denn Deutsch ist eine der Amtssprachen in Lëtzebuerg.

Eines gleich vorweg: In diesem Band geht es in erster Linie um »echte« Menschen, deren Passionen und um Einblicke in ihre Lebenswelt, nicht um trockene Fakten zur Region. Hier geht es um Reisetipps, die nicht jeder auf der Agenda hat. Natürlich kommen die École de Nancy und die Art nouveau, das Centre Pompidou in Metz (das Einzige neben Paris) und die Kasematten von Luxemburg zu ihrem Recht. Der Schwerpunkt liegt jedoch auf Geschichten, die Ihnen kein Reiseführer erzählt. Besuchen Sie die älteste Metzgerei Luxemburgs, eine Nougat-Liebhaberin in Nancy oder eine Puppenmanufaktur westlich von Metz, in der die Zeit stehen geblieben zu sein scheint. Seit dem 19. Jahrhundert wird in Étain durchgehend produziert, was Petitcollin zur ältesten Manufaktur ihrer Art in Frankreich macht. Besuchen Sie den letzten Hutmacher von Luxemburg oder das Foie-gras-Festival in Phalsbourg, das Gourmets in Scharen anzieht. Nippen Sie an traditionellem Johannisbeerlikör aus der Kleinen Luxemburger Schweiz oder staunen Sie über eine wundersame Wendeltreppe aus dem 16. Jahrhundert in Fénétrange. Wussten Sie, dass mitten in den Vogesen ein venezianischer Maskenball stattfindet – und das seit mehr als 20 Jahren? Das Original in der Lagunenstadt scheint dann nur noch einen Hauch entfernt. Hätten Sie geahnt, dass im Bitscher Land Büffel grasen, die man eher aus alten Western kennt?

Diese und viele weitere der insgesamt 50 Geschichten aus ganz Lothringen und Luxemburg könnten Sie zu einem Kurzausflug bei unseren Nachbarn animieren. Alle Infos zu Anfahrtswegen, Öffnungszeiten oder Kontaktadressen sind in den Infokästen enthalten. Zum ersten Mal sind auch Hoteltipps eingefügt – für den Fall, dass Sie einen Tagesauflug zu einem Wochenendtrip ausbauen wollen, was gut möglich ist. Auf den Karten sind alle Destinationen eingezeichnet und können wunderbar zu einer Fahrt ins Blaue verknüpft werden. Wenn Sie das Büchlein gemütlich zu Hause auf der Couch goutieren, hoffe ich, Sie mental auf eine Reise zu alten Manufakturen, traditionsreichem Handwerk und kulinarischen Genüssen mitnehmen zu können.

Falls Sie im Lothringen-Teil beispielsweise Verdun und seine tragische Historie, die Glasbläser von Meisenthal oder den Trüffelmarkt von Pont-à-Mousson vermissen, dann darf ich Sie auf den Band

»Entdeckungsreisen Elsass & Lothringen« verweisen. Dies und etliches mehr ist dort aufgeführt. Wiederholen wollen wir uns ja nicht. Nur Originäres hat es in den aktuellen Band geschafft. Und wie immer heißt es bei den »Entdeckungsreisen«: Werden auch Sie zum Entdecker. Denn Ungewöhnliches und Sehenswertes findet sich oft gar nicht allzu weit entfernt.

bon voyage wünscht
Volker Knopf

Der Autor

Volker Knopf, Jahrgang 1967, ist in Karlsruhe geboren und studierte Politikwissenschaft, Englische Literatur- und Medienwissenschaft in Frankfurt, Marburg und Nottingham. Anschließend folgte ein Volontariat beim Schwarzwälder Boten. Seitdem arbeitet er von der Fächerstadt aus als freier Journalist für etliche Tageszeitungen im Südwesten. Er ist Autor der Bücher »Entdeckungsreisen Elsass & Lothringen«, »Entdeckungsreisen Elsass & Franche-Comté« und »Badische Originale«. Der Journalist und Autor berichtet leidenschaftlich gerne über die Menschen jenseits und diesseits des Rheins. So oft wie möglich ist er im Osten Frankreichs unterwegs.

Inhalt

KULINARISCHES

KURIOSES

HISTORISCHES

1 Pâté au Riesling oder Träipen?

Boucherie Kaiffer ist die älteste Metzgerei in Luxemburg-Stadt in Familienhand / Luxemburger Spezialitäten in Sachen Fleisch und Wurst

Bereits seit 1910 existiert die Boucherie Kaiffer in der Luxemburger Innenstadt. Und in vierter Generation führt Anne Kaiffer die traditionsreiche Metzgerei, die unter anderem auch Luxemburger Spezialitäten wie Pâté au Riesling, Träipen (Blutwurst) oder Luxemburger Schinken anbietet. »Natürlich sind die Wurstwaren und Fleischspezialitäten in Luxemburg vorwiegend von Frankreich, Deutschland und der Mosel geprägt«, sagt Anne Kaiffer, während sie vom Ladengeschäft in den Keller führt, wo die hauseigene Metzgerei untergebracht ist. Die sympathische junge Frau beschäftigt insgesamt 14 Mitarbeiter und macht gleich klar: »In den Restaurant-Küchen wird eher französisch gesprochen, in der Metzgerei primär deutsch. Bei uns ist das genauso«. Schon erläutert sie, wie Pâté au Riesling hergestellt wird. Ein Drittel der kalten Fleischpastete besteht aus Kalb, ein Drittel aus Rind und ein Drittel aus Schwein. Das Fleisch wird geschnitten und grob gehackt, 24 Stunden in Marinade von Riesling eingelegt und 25 Minuten bei 210 Grad gekocht.

Anne Kaiffer mit einem Luxemburger Schinken.

Ursprünglich war die traditionelle Luxemburger Speise als Wegzehrung für Jäger gedacht, die etwas Kaltes auf die Pirsch mitnehmen und dabei nicht auf Fleisch verzichten wollten. Zuweilen wird statt Riesling in mancher Charcuterie auch der Mosel-Weißwein Elbling für die Marinade der Pastete genutzt.

Die Metzgerei setzt vorwiegend auf saisonale Produkte – so gibt es von November bis Ostern Foie gras (Stopfleber), von September bis März die traditionelle Blutwurst. Bei Letzterem werden Würste herkömmlich aus den Innereien von Schweinefleisch verarbeitet (Fett, Schwarte, Blut). Es gibt zahlreiche lokale Rezepte, aber immer werden Fleisch und Schwarte mit Salz gekocht, dann zerkleinert und mit fein gemahlenem Grünkohl vermengt. Frisches Blut wird mit Paniermehl hinzugegeben. Die Blutwurst wird anschließend für rund 15 Minuten gekocht. In der Boucherie mit eigener Räucherei wird alles frisch zubereitet. Rind- und Schweinefleisch bekommt die Metzgerei von Bauern aus dem nördlichen Luxemburg sowie aus der Region um die Mosel. Die Bewohner des Großherzogtums mögen es gerne mal deftig, aber bitteschön fein gewürzt und ausbalanciert, wie es in Frankreich üblich ist, weiß Anne Kaiffer. »Ich selbst mag am liebsten Kalbsleberwurst in Mehl gedreht und kurz gebraten«, sagt die gelernte Metzgermeisterin, die die lange Tradition der Familie fortführt. Sogar der Urgroßvater war schon im gleichen Metier tätig. »Mein Großvater hat uns erzählt, dass früher auch schon mal der Großherzog nachgefragt hatte. Man könne ja in den Kreis der Hoflieferanten aufgenommen werden. Aber mein Opa hat dann gesagt, da müsse man ja auch am Sonntag arbeiten, nur damit die großherzogliche Familie ihre frischen Steaks verspeisen kann und hat dankend abgelehnt«, meint Anne Kaiffer und muss selbst ein wenig über die Bodenständigkeit ihrer Familie schmunzeln.

Vorbereitung für Pâté au Riesling im Blätterteig.

Die Luxemburgerin hat im Übrigen selbst einen interessanten Kurswechsel in beruflicher Hinsicht vollzogen. Rund zehn Jahre lang arbeitete sie als Journalistin für RTL. Sie war als Freelancer für Radio und Fernsehen im Einsatz – vornehmlich im Kultursektor. Aber dann ereilte sie der Ruf der Familie, das berufliche Erbe fortzuführen. »Meine Schwester studiert Architektur in Zürich, ich habe als Journalistin gearbeitet. Aber eine musste übernehmen, wenn wir die Familienhistorie weiterführen wollten. Und das wollte ich unbedingt. Also habe ich erst die Ausbildung zur Metzgerin und dann den Meister gemacht und es bis heute keine Sekunde bereut. Ich bin einfach gerne in der Wurstküche. Das ist alles echte Handarbeit, wir verarbeiten ein Naturprodukt und haben viele internationale Kunden. Mir macht diese Arbeit einfach Freude«, sagt sie im Brustton der Überzeugung. Keine Frage, so wie die Fleischereiexpertin mit einem Faible für Kultur, Kunst und Philharmonie durch ihre Metzgerei wirbelt und für jeden ein gutes Wort parat hat, glaubt man ihr das zweifellos. Schon hat sie Lyoner und anschließend Luxemburger Schinken in der Hand. »Dieses Fleisch kommt von einer Limousin-Rasse in Luxemburg. Unser Schinken ist relativ mager und schmeckt ein wenig wie der Schwarzwälder Schinken«, sagt die quirlige Frau, die schon wieder unterwegs ist – die Kundschaft ruft und die liebt die Wurst- und Fleischwaren aus dem Hause Kaiffer offensichtlich.

Die kalte Fleischpastete wurde für Jäger als Wegzehrung entwickelt.

Die Boucherie Kaiffer befindet sich in der Luxemburger Innenstadt in der Fußgängerzone, 77 Grand-Rue. ☎ 00 352 / 22 34 90. Das Geschäft mit der Art-Déco-Fassade fußt auf einer mehr als 100-jährigen Tradition. Erfunden haben soll die Luxemburger Fleischpastete Pâté au Riesling die Confiserie Kaempff-Kohler. Bereits seit 1922 gibt es das Feinkostgeschäft, das mit süßen Kreationen als Patisserie begann. Später kam Salziges dazu. Heute gibt es Kaempff-Kohler auch als Confiserie, Fromagerie und Restaurant. 18, place Guillaume (zentraler Platz, wo auch der Wochenmarkt stattfindet). Internet: www.kaempff-kohler.lu

2 Kleine Kugeln des Glücks

Patissier aus der Region Nancy mit ungewöhnlicher Kreation / Oberweis aus Luxemburg zählt zu den Top-Chocolatiers

Chocolatier mit Leib und Seele: Frédéric Derelle.

Frédéric Derelle hat gleich zwei Leidenschaften: das Konditorenhandwerk und den Golfsport. »Was lag da näher, als beides miteinander zu verbinden?«, sagt der Chocolatier aus Seichamps bei Nancy lachend, während er Schokolade bei 31 Grad in einem Wasserbad erwärmt. Derelle benutzt hochwertigen dunklen Nougat aus italienischer Gianduja-Schokolade, um seine kleinen, runden Kunstwerke herzustellen, die wie Golfbälle aussehen. Mittlerweile hat er seine Schokopralinen-Kreationen in Kugelform sogar als Marke unter dem Namen »Chocotee« eintragen lassen. Sein Handwerk liebt der Lothringer zweifellos über alle Maßen. »Es gibt doch nichts Schöneres als anderen eine Freude durch Genuss zu bereiten«, sagt der hochdekorierte Patissier, Bäcker und Chocolatier, der zudem Präsident des Bundesverbands der lothringischen Bäcker sowie Vorsitzender des Verbands der Konditoren in Lothringen in Personalunion ist.

In Seichamps, etwa sechs Kilometer vom Zentrum Nancys entfernt, hat er seine Haute-Cuisine-Patisserie im Jahr 1991 eröffnet. Seine Tätigkeit sieht er in gewisser Weise auch als Kunstform. »Man muss enorm viel experimentieren, um eine bestimmte Textur und die gewünschten Aromen zu erreichen. Schokolade ist sehr empfindlich. Im Grunde arbeite ich in einer Art Labor, betreibe Food Design und kreiere Prototypen auf rein handwerklicher Basis und mit Sinn für Geschmack und Tradition. Das ist alles selbstverständlich fait maison«, betont der Schokoladen-Künstler, der akribisch an seinen genussvollen Konfekten und Pralinen feilt, ehe sie in Serie gehen.

Zum Verwechseln ähnlich: Schokolade als Golfbälle

Als Meister seines Fachs muss er in der Regel früh in der Backstube stehen. Der drahtige Franzose macht da keine Ausnahme. Hinzu kommen seine vielen Reisen als oberster Verbandsfunktionär seiner Zunft im Département Meurthe-et-Moselle. »Für mich ist nach dem Geschäft oder der Lobbyarbeit die allerbeste Entspannung, auf dem Grün zu stehen und ein paar Bälle zu schlagen. Das ist Erholung pur. Umso mehr freue ich mich, dass ich Beruf und Ausgleich mit meinen Schoko-Bällen perfekt kombinieren konnte.« Wichtig sind Frédéric Derelle grundsätzlich edelste Ingredienzien für seine Pralinés und Tartes. Und hier kommt die Gianduja-Schokolade ins Spiel. Entwickelt wurde sie einst in Turin und wurde eher aus der Not geboren. Denn zur Zeit Napoleons wurden hohe Zölle auf aus Südamerika importierten Kakao erhoben und die Turiner Chocolatiers sahen sich in ihrer Existenz bedroht. Daher »streckten« sie ihre Schokoladenmasse mit gerösteten und fein gemahlenen Haselnüssen, die es im Piemont reichlich gab und immer noch gibt. Sehr schnell wurde diese Notlösung zu einer echten Spezialität. In seiner Heimatregion sieht sich der Schokoladen-Fachmann bestens aufgehoben. »Hier gibt es einfach eine besondere kulinarische Tradition. Seien dies Bergamotten, Mirabellen oder eben feine Schokolade und Nougat. In Nancy haben Genuss und Gaumenfreuden seit jeher einen hohen Stellenwert, wie in ganz Frankreich natürlich, aber hier besonders«, sagt Frédéric Derelle bestimmt. Kreativität ist dem maître artisan neben seiner Verbandsarbeit für die Patissier-Branche ganz wichtig. »Ich probiere eben gerne neue Sachen aus, beispielsweise mit Foie gras und Pasteten. Schokolade, Karamell und Nougat können ganz überraschende Akzente in Kombination mit Salzigem setzen«, weiß der Pralinen-Experte, der aus einem rund 30-jährigen Erfahrungsschatz in seinem Metier schöpft und gerne mal unkonventionelle Wege geht.

Pralinés der hochdekorierten Patisserie Oberweis.

Ebenfalls ganz vorn mit dabei, was anspruchsvolle Konditor- und Backwaren betrifft, ist die Patisserie Oberweis in Luxemburg. Als wahre Virtuosen in der Herstellung von süßen und herzhaften Köstlichkeiten führen die Brüder Tom und

Jeff Oberweis mit reichlich Inspiration das Konditorhandwerk ihrer Eltern weiter – und zwar mit der gleichen Passion wie ihr Kollege aus der Region Nancy. Oberweis offeriert das ganze Jahr Klassiker wie Macarons, Madeleines, Tartes, Brioches, Pralinés, feinste Schokolade oder Früchtekuchen in diversen Variationen – und das in einem überaus schicken und modernen Ambiente. »Wir bieten einerseits Süßes, aber andererseits auch Salziges wie Pâté de Riesling oder Quiche Lorraine an. Und natürlich sind wir stolz auf die besondere Qualität unseres Baguettes«, sagt Sebastien, Mitarbeiter im Oberweis-Magasin in Luxemburg-Stadt. Insgesamt fünf Geschäfte gibt es in der Hauptstadt des Großherzogtums. Eines befindet sich auf dem Kirchberg, wo die EU-Vertreter diverser Institutionen residieren. Ende 2014 zogen die Schoko-Experten aus Lëtzebuerg quasi in den »Heiligen Gral« der Chocolatiers ein. Beim renommierten Club des Croquers de Chocolat, der jeweils im November eines Jahres die besten Manufakturen weltweit auszeichnet, zählte Oberweis zu den Preisträgern. Und natürlich gibt es auch noch die Confiserie Namur in Luxemburg-Stadt, das älteste Patisserie-Geschäft des Großherzogtums, das bereits seit 1863 im Herzen der Stadt existiert. Viele Jahrzehnte war das Geschäft mit der nostalgischen Anmutung sogar exklusiver Hoflieferant. In stilvollem Interieur gibt es Schokoladiges wie Salziges gleichermaßen. Naschkatzen können es gleich im angeschlossenen Café genießen oder mitnehmen.

Bereits seit 1863 gibt es die Confiserie Namur in Luxemburg.

Die Patisserie von Frédéric Derelle 2a befindet sich in 16 grand rue, 54280 Seichamps – einer Seitenstraße der D674, rund sechs Kilometer vom place Stanislas entfernt. Internet: www.chocotee.fr, ☎ 00 33 / 3 83 21 28 89. Das 5000 Einwohner zählende Städtchen im Großraum Nancy ist auch für etwas anderes bekannt. Jedes Jahr am dritten Wochenende im September findet hier die europäische Käse- und Gastronomiemesse statt. Teilnehmer sind Mitglieder des Netzwerks europäischer Käsestädte wie Bern, Bergamo oder Alkmaar. Die Patisserie Oberweis 2b befindet sich im Zentrum von Luxemburg (16 Grand-Rue). Dies ist das Hauptgeschäft in der Fußgängerzone. Ferner gibt es vier weitere Geschäfte in Luxemburg-Stadt. ☎ 00 352 / 47 07 03. Die Confiserie Namur befindet sich unweit des Place du Théâtre (27 rue des Capucins). Auch von der traditionsreichen Patisserie gibt es mehrere Geschäfte in Luxemburg und eines in Metz.

3 Im Königreich der Gänseleberpastete

Foie-gras-Festival in Phalsbourg lockt Gourmets in Scharen an / Spezialitäten aus Ostfrankreich – immer zur Adventszeit

Vom Status eines Geheimtipps hat sich das Foie-gras-Festival in Phalsbourg mittlerweile längst entfernt. 2015 geht die Traditionsveranstaltung, die jeweils am zweiten und dritten Dezember-Wochenende eines Jahres stattfindet, bereits in ihre zwanzigste Saison. Neben Einheimischen reisen vor allem aus dem Saarland viele Gourmet-Freunde in das nette Städtchen im Département Moselle, um die reichhaltig vorhandenen Gaumenfreuden zu verkosten. Natürlich steht das berühmte Fois gras (Enten- bzw. Gänseleberpastete) im Fokus. Die Veranstaltung in der Adventszeit hat sich jedoch längst ganz generell zu einem Zentrum des guten Geschmacks »à la française« gemausert. Man bekommt hier leckeres Macaron-Gebäck aus Saverne, edle Brände aus Troisfontaines, Safranfäden aus lothringischer Produktion, Lebkuchen von Fortwenger, der Traditionsmanufaktur aus dem Elsass, Bauern- und Kastanienbrot aus den Nordvogesen, Wurst und Fleisch von mehrfach prämierten Metzgern wie Gangloff in Mackwiller, feinste Konfitüre und Honig – alles hausgemacht, Chocolatier-Spezialitäten, Vinum und Cremant aus dem Elsass oder Champagner aus Epernay. Selbst Austern aus der Bretagne werden zu perlendem Champagner feilgeboten.

Bauernbrot aus Lothringen wird ebenfalls feilgeboten.

Insgesamt 40 Aussteller locken die Besucher mit ihren Ständen zum Verkosten ein. Mittlerweile schieben sich regelmäßig lange Schlangen durch die Halle am Rande des historischen Zentrums von Phalsbourg. Ob sie vom Erfolg des kulinarischen Festivals selbst ein wenig überrascht ist? Die Frage geht an Odette Gully, stellvertretende Bürgermeisterin von Phalsburg und Mitbegründerin des Foie-gras-Festivals. »Mittlerweile sind wir es gewohnt, dass uns viele Menschen besuchen. Wir laden sehr gerne Gäste ein. Aber es hat natürlich mal etwas kleiner angefangen. Damals wollten wir den Tourismus in der Region ankurbeln mit ausgewählten Produkten aus Lothringen und dem Elsass. Diesem Radius sind wir längst entwachsen«, sagt die sympathische Dame. In der Tat, mit der Champagne und der Bretagne hat man den Regionalitätsbegriff deutlich ausgedehnt. Aber letztlich gehe es um die Qualität französischer Küche, die weltweit bekanntlich den allerbesten Ruf genießt. Ob sie aufgrund des Erfolgs und des damit verbundenen Besucherstroms schon einmal daran gedacht hat, die Location zu wechseln – hin zu einem größeren Etablissement? »Nein, hier haben wir angefangen, hier sind unsere Wurzeln. Zudem ist dieses Festival nur mit viel ehrenamtlichem Engagement möglich. Die Halle gehört der Gemeinde. Wir bekommen sie nahezu kostenfrei. Das ist die Basis für dieses Festival. Anders geht es gar nicht«, meint Odette Gully, während sie einmal mehr zahlreichen Besuchern die Hände schüttelt. Man kennt sich in Gourmet-Kreisen grenzüberschreitend. 17.000 Besucher sind es in der Regel pro Jahr kurz vor Weihnachten – Tendenz steigend.

Odette Gully und Spitzenkoch Roger Bouhassoun präsentieren Foie gras »fait maison«.

Geräucherte Wurst aus den Vogesen zählt zu den Spezialitäten.

»Wir haben auch schon Besucher aus Frankfurt begrüßten dürfen. Aber normalerweise haben wir Gäste von der Mosel, aus der Pfalz, dem Saarland sowie Elsass und Lothringen«, sagt die Organisatorin und fügt hinzu: »Ich mag es einfach, wenn sich die Menschen hier treffen und bei einem guten Glas Wein, Foie gras oder sonstigen lukullischen Genüssen austauschen. Das ist Geselligkeit, wie wir sie in Lothringen und ganz Frankreich lieben. Es ist einfach für alle Sinne bereichernd.«

Und in der Tat: In der Enge des vorweihnachtlichen Genussfestivals – hier wird probiert, dort wird getratscht und ein Stückchen weiter hat man gerade Platz genommen, um ein Menü zu sich zu nehmen – kommt eine ganz besondere Stimmung auf. Und nicht zuletzt die Gänse- und Entenleberpastete, die Spezialität, die der Legende nach einst von Straßburg aus ihren kulinarischen Siegeszug angetreten hat, wird in großen Gläsern an den Mann respektive die Frau gebracht. Zu den Experten auf diesem Gebiet zählen beispielsweise die Ferme Monier aus Fraquelfing oder Roger Bouhassoun aus Colroy-la-Roche (Hostellerie La Cheneau-dière). Die feine Pâté mit verschiedenen Aromen ist hausgemacht und in Sachen Qualität und Geschmack deutschen Pasteten um Lichtjahre voraus. Und in der Atmosphäre des Festivals Foie gras von Phalsbourg schmeckt sie natürlich gleich doppelt gut.

Entenleberpastete der Ferme Monier beim Festival in Phalsbourg.

Das Festival findet jeweils am zweiten und dritten Dezember-Wochenende eines Jahres statt (immer Samstag und Sonntag von 10 bis 18 Uhr). Phalsbourg liegt einige Kilometer westlich von Saverne (über die E25). Das Festival Foie gras ist im Ort bestens ausgeschildert und findet gleich hinter dem historischen Stadtzentrum statt (Parkplätze reichlich vorhanden). In Deutschland ist die Herstellung der Stopfleber aus Tierschutzgründen verboten, in Frankreich ist die Stopfmast dagegen vor Verboten geschützt. Foie gras zählt offiziell zum gastronomischen und kulturellen Erbe Frankreichs. Vier von fünf Franzosen goutieren die Feinkost zu den weihnachtlichen Feiertagen. Zudem findet neben dem kulinarischen Rendezvous in der Stadt ein Kunsthandwerker-Markt mit weihnachtlichen Produkten statt. Infos gibt es im Internet unter www.phalsbourg.fr (etwa ab vier Wochen vor dem Event).

4 Edelbrände von der Mosel

Distillerie Dolizy & Guillon ist bei Kennern beliebt / Nur das Herzstück wird beim Brennvorgang abgefüllt

Bei Kennern sind sie beliebt, die Edelbrände von Margot Guillon aus dem mittelalterlichen Winzerdorf Ehnen an der Mosel. Die Luxemburgerin hat mit ihren eaux-de-vie schon etliche Preise gewonnen und darf sich auf ihr Etikett »Marque Nationale Luxembourgeoises« (Nationalmarke der Luxemburger Qualitätsbrände) schreiben. Auf ihrem Grundstück an der Mosel bewirtschaftet sie ungefähr 2000 Obstbäume auf rund fünf Hektar. Die gute Qualität des Obstes sei das A und O eines qualitativ hochwertigen Brandes, weiß die Expertin. »Ich liebe es einfach, draußen in der Natur auf den Streuobstwiesen zu sein, die Bäume selbst zu beschneiden und das Obst einzusammeln. Reifes, sauberes Obst ist die Grundlage für hochwertige Qualität und eine saubere Gärung. Deshalb ist die Pflege der Obstbäume von essenzieller Bedeutung«, weiß die Brennerin, die circa 30 Sorten anbietet, darunter Mirabellen-, Pflaumen- oder Birnenbrände. Stolz ist sie darauf, dass ihr Obstgarten noch nie eine Schädlingsspritze gesehen hat, bei Margot Guillon ist alles Bio. Im Juni/Juli eines Jahres beginnt jeweils die

Ausgezeichnete Brände stellt Margot Guillon in ihrer Destillerie her.

Kirschernte. Anschließend folgen weitere Obstsorten und darauf die Destillierverfahren. Ein Brennvorgang genügt ihr dabei. »Früher habe ich jedes eau-de-vie zweimal gebrannt. Aber das ist nicht von Bedeutung. Wichtig ist, dass man ganz langsam brennt, sich Zeit nimmt und stetig den Vorgang überprüft. Außerdem nehme ich nur das Herzstück, die Essenz, das ›Coeur de chauffe‹. Der Nachlauf kommt bei mir nicht in die Flasche.« Dem Brand wird außerdem weder künstliches Aroma noch Zucker oder Karamell beigefügt.

Alles ist Bio bei der Brennerei an der Mosel.

Auf die Idee, die familieneigene distillerie artisanale zu übernehmen, brachte sie ihr Schwiegervater, der als Tropen-Veterinär einst im früheren Belgisch-Kongo tätig war und in den 1970er-Jahren mit dem Brennen anfing. Margot Guillon belegte diverse Kurse zu Brennverfahren im Studienfach Agrarwissenschaften an der Uni Hohenheim bei Stuttgart, übernahm Ende der 1990er-Jahre schließlich als Eine-Frau-Betrieb die Brennerei und ließ ihre neu gewonnenen wissenschaftlichen Kenntnisse einfließen. Mittlerweile bietet sie neben ihren Bränden gezwickeltes Bier aus dem Gärtrank an (das in Limousin-Eichenfässern gelagert wird), diverse Liköre oder Sirup de Cassis an. Die Nationalmarke für Luxemburger Qualitätsbrände, mit der sie regelmäßig zertifiziert wird, garantiert ein unverfälschtes Destillat luxemburgischen Ursprungs. Dies beinhaltet, dass der Brand (auf luxemburgisch »Drepp«) nicht mit einer anderen Branntweinsorte oder reinem Alkohol verschnitten ist. Weiterhin garantiert das Label, dass es sich um ein Produkt einer natürlichen Gärung sowie Obst und Getreide aus dem Großherzogtum handelt. Die Spirituosen der Distillerie Dolizy & Guillon werden wie die weiteren prämierten Brände ferner von einer Kommission kontrolliert, welche eine sensorische, analytische sowie chemische Prüfung vornimmt. Die Experten der Nationalmarke bewerten dabei Farbe, Klarheit, Geruch und Geschmack der Brände, ohne die Herkunft der Probe zu kennen. Und zu diesem erlauchten Kreis zählt die Brennerin aus Ehnen (luxemburgisch Éinen), die ihre Produkte neben dem eigenen Hofladen ausschließlich auf dem Luxemburger Wochenmarkt verkauft, schon seit etlichen Jahren. Beliebt bei den Kunden sind die Klassiker wie Mirabellen-, Zwetschgen-, Kirsch- oder Quittenschnaps. Die Luxemburgerin hat eine treue Stammkundschaft aus Spirituosenliebhabern sowie der Laufkundschaft der vielen Touristen, welche die Hauptstadt des Großherzogtums besuchen. Und eine kleine Kuriosität hat sie in dem Schnaps mit dem skurrilen Namen »Hondsarsch«, der sich aus dem Kernobstgewächs der Mispel speist.

Die Spirituosen sind mit der Nationalmarke Luxemburger Qualitätsbrände ausgezeichnet.

Die Brände der Distillerie Dolizy & Guillon gibt es auf dem Wochenmarkt in Luxemburg-Stadt 4a (mittwochs und samstags von 7 bis 14 Uhr, place Guillaume II) unweit des Rathauses und des großherzoglichen Palais. ☎ 00 352 / 691 48 49 55 oder ☎ 00 352 / 691 45 67 06, Internet: www.distillerie.lu. In ihrem Heimatort Ehnen (5 Kiirchegaessel) 4b sind auch geführte Gruppenbesichtungen und Degustationen möglich. Die hochwertigen Brände von Margot Guillon sind etwas für feine Gaumen und gut gefüllte Portemonnaies. Eine Flasche eau-de-vie kann bis zu 90 Euro kosten. Es gibt aber auch deutlich günstigere Varianten sowie kleinere Einheiten von der Schnapsbrennerei an der Mosel.

5 Feine Aromen machen den Unterschied

Ob Birne-Thymian oder Pflaume-Zimt – ausgezeichnete Konfitüre aus Montdidier / Marmelade ohne Konservierungsstoffe

Stolz ist Christine Kriegel schon auf ihre Konfitüre. Immerhin wurde die hochwertige Marmelade, die sie gemeinsam mit ihrem Mann Regis herstellt, schon mehrfach ausgezeichnet. »Wir arbeiten ganz ohne Konservierungsstoffe, unsere Früchte stammen allesamt aus Lothringen und dem Elsass. Es ist ein rundherum natürliches Produkt«, betont sie. In dem alten Winzerdorf Montdidier westlich von Sarre-Union haben die Kriegels ihre Produktion und einen kleinen Hofladen. Auch in Feinkostgeschäften in Luxemburg, in Nancy, Bitche oder Metz wird die Marmelade von La Corbeille Lorraine vertrieben. Nach alter Tradition werden Konfitüre und Gelee manuell und fait maison hergestellt. Ganz entscheidend für den Geschmack sei die Zucker-Früchte-Mischung. Das Mischungsverhältnis beträgt ein Kilogramm Zucker auf ein Kilogramm Frucht. Man achte dabei auf einen Fruchtgehalt von mindestens 57 Prozent. »Dann lässt man die Masse langsam in der Kupferpfanne kochen, ganz ohne Gelier- oder Konservierungsmittel. Die Konfitüre benötigt zwei, das Gelee etwa eine Stunde. Man lässt die Fruchtmischung bei 80 bis 90 Grad in der Kupferpfanne ganz allmählich vor sich hin köcheln, ganz entspannt«, fügt Christine Kriegel hinzu.

Es gibt natürlich allerlei Sorten bei den Marmelademachern. Eben alles, was der mehr als ein Hektar große Obstgarten vor der Haustür im Département Moselle so hergibt. Hinzu kommen die Früchte von lokalen Erzeugern: Mirabellen, Quitten, Clementinen, Rhabarber, Himbeeren, Johannisbeeren. Flagschiff und Verkaufsschlager ist eindeutig die Mirabellen-Marmelade. Die Spezialität des Hauses sind die feinen

Ganz traditionell:
Mirabellen im Einweckglas.

Gewürzzugaben: Birne-Thymian, Pflaume-Zimt, Erdbeer-Minze oder Birne-Vanille. »Die feinen Aromen, Kräuter und Gewürze machen letztlich den Unterschied. Mein Mann war ursprünglich Lehrer für Agrarwissenschaft. Aber wir wollten immer etwas mit unseren eigenen Händen schaffen. Vor 15 Jahren haben wir uns selbständig gemacht und auf die guten Rezepte der Großmutter vertraut. Die Arbeit hält uns das ganze Jahr über auf Trab. Ernten, schälen, einkochen. Aber es ist eben unsere Leidenschaft«, meint sie lächelnd. Neben Konfitüre, Weingelee und scharf-pikanten Chutneys gibt es auch Mirabellensirup, Cidre oder Pflaumenschnaps sowie Bonbons in diversen Früchtesorten – alles hübsch verpackt. Beliebt seien auch die Einweckgläser mit Mirabellen und Kirschen, wie sie viele Landfrauen einst in ihren Kellern lagerten. »Es ist die Frische und die Qualität mit der wir überzeugen wollen. Das ist echtes Handwerk einer lokalen Tradition und obendrein sehr lebensnah. Es ist die bodenständige Arbeit unseres Landstrichs und die Früchte unserer Erde, die wir veredeln. Dank unseres Obstgartens können wir so kreativ sein. Das erfüllt uns mit Freude und ist wohl auch eines der Geheimrezepte für die Beliebtheit unserer Konfitüre«, schätzen die »artisans confituriers« aus dem Pays du Saulnois.

Erzeugt mit ihrem Mann Regis hochwertige Marmelade: Christine Kriegel.

Auch Sirup gehört zum Portfolio von La Corbeille Lorraine.

La Corbeille Lorraine befindet sich in der Hauptstraße des kleinen Ortes Montdidier (15 b rue principale). Das Dorf liegt westlich von Sarre-Union im Land des weißen Goldes (entstammt der Tradition der Salzgewinnung) ☎ 00 33 / 3 87 01 45 86, Internet: www.corbeille-lorraine.fr. Das Ladengeschäft hat wochentags jeweils vormittags geöffnet, Mittwoch und Freitag auch nachmittags. Die prämierte Konfitüre aus Lothringen gibt es zudem im Feinkostgeschäft Chez saveurs des nous in Bitche (siehe Kap. 6).

6 **Dorado der edlen Genüsse**

Kleines Ladengeschäft in Bitche offeriert Köstlichkeiten Lothringens / Safran von der Mosel, Foie gras oder Macarons aus Boulay

Es ist ein kleines Paradies für Feinschmecker. Das Geschäft Saveurs de chez nous mitten im Ortskern von Bitche bietet kulinarische Köstlichkeiten des Bitscher Landes, der Mosel und ganz Lothringens an. Betrieben wird es von Marie-Anne Hoellinger in einem Ladengeschäft, das ab 1920 die familieneigene Bäckerei der Großeltern beherbergte. »Unsere Philosophie ist es, die Produkte kleiner, regionaler Hersteller anzubieten. Und zwar Produkte, die man sonst nicht im Supermarkt bekommt. Eben hausgemachte Köstlichkeiten, die den Charakter unserer Region widerspiegeln«, erklärt die Ladeninhaberin. Und das Sortiment saisonaler und regionaler Spezialitäten, meist auf Bio-Basis, ist in der Tat reichhaltig: Gebäck wie die berühmten Macarons aus Boulay, geräucherter Schinken und Saucisson aus Lothringen, Bio-Käse einer kleinen Fromagerie aus dem Bitscher Land oder die vielfach ausgezeichnete Konfitüre von La Corbeille Lorraine aus Montdidier. Die Liste lässt sich beliebig fortsetzen: Feiner Honig aus Zetting, hausgemachter Senf aus Mundolsheim, Edel-Brände von der Distillerie Maucourt (acht bis zwölf Jahre in einem Eichenfass gelagert) oder Fleisch und Wurst von der preisgekrönten Boucherie-Charcuterie

◂ Herrscherin über die Genüsse: Marie-Anne Hoellinger.
▾ Das Mehl stammt aus der nahen Mühle in Volmunster.

Gangloff in Mackwiller. Beispielsweise gibt es bei den Konfitüren sogenannte Mirabellen- oder Quetsche-Schlaeggel. »Das ist Marmelade mit ganz wenig Zucker. Normalerweise hat Konfitüre einen Zuckergehalt von gut 60 Prozent. Diese, die von der Mühle Volmunster stammt, hat jedoch nur fünf Prozent Fruchtzucker. Der Zucker wurde quasi rausgeschlagen«, erläutert Marie-Anne Hoellinger. Von der nahen Mühle in Volmunster stammt auch das fein gemahlene Mehl.

Das Ladengeschäft im Zentrum von Bitche.

Selbstredend hat die frühere Sekretärin des örtlichen Gymnasiums und Beigeordnete der Stadt Bitche noch viele weitere Köstlichkeiten in dem netten Ladengeschäft in der Fußgängerzone in petto. Kalt gepresstes Rapsöl von der Mosel, Entenstopfleber von Délices d`Eider oder ein lokales Craft Beer von zwei jungen Leuten aus Bitche, die erst kürzlich ihre eigene Mikro-Brasserie ins Leben gerufen haben. Besonders erfreut ist sie darüber, dass Töpfer aus Soufflenheim eine spezielle Lothringer Edition für sie entworfen haben. Die Motive auf der Keramik zeigen die für die Region typischen Mirabellen statt dem elsässischen Storch. »Unser Credo heißt ›Saisonale Lebensmittel aus ökologischem Anbau‹. Mir macht es einfach Spaß, unsere Region zu präsentieren. Und diese lokalen Spezialitäten gehören ja zu unserem kulturell-historischen Erbe«, meint die sympathische Patronin. Es gibt Bio-Wein von lokalen Winzern, selbst der Kaffee (die Bohnen kommen natürlich aus Südamerika und Afrika) wird vor Ort in Saargemünd geröstet und veredelt. Auch Schürzen, Tisch- oder Geschirrtücher eines Webers aus Gérardmer zählen zum Sortiment in dem gemütlichen Ladenlokal – und so manches Unerwartetes gibt es ebenfalls: so beispielsweise die Safranfäden aus lokalem Anbau in Bitche. Normalerweise denkt man bei Safran eher an den Iran, Marokko, Kaschmir oder die Türkei. Schließlich wird das Gros des »Roten Goldes« dort angebaut und geerntet. Doch auch in Lothringen wird die kostspielige Pflanze aus dem

Saisonale Spezialitäten aus dem Bitcher Land, der Mosel und Ost-Lothringen.

Orient angebaut – wen auch nur in kleinen Mengen.

Jeden Samstag gibt es bei Saveurs de chez nous Bio-Landbrot aus St. Avold und freitags jeweils vier Kilogramm Gemüse für 16 Euro. Der Clou: Was in die Tasche kommt, ist eine Überraschung. Gerne macht die Frau, die sehr gut deutsch spricht, auch Geschenkkörbe für die Kundschaft. »Ich frage zunächst, ob es eher Salziges oder Süßes sein darf. Dann kommen die jeweiligen Produkte in einen schönen, geflochtenen Weidenkorb, der nichts extra kostet.« Man merkt der Ladenchefin und ihrem Gatten, einem pensionierten Lehrer für Philosophie, die Liebe zu Spezialitäten ihrer Region buchstäblich an. Das Geschäft, das nicht weit von der berühmten Zitadelle entfernt ist, wurde zertifiziert von der Landwirtschaftskammer des Conseil Général und zählt zum kulinarischen Verbund mangeons mosellan. Was ihr selbst bei all diesen Köstlichkeiten am besten mundet? »Das ist schwer zu sagen. Das hängt immer von der Jahreszeit und der Saison ab. Foie gras mag ich gerne. Aber im Grunde mag ich eigentlich alle Produkte, die mit Liebe, feinen Aromen und jahrhundertealtem Wissen hergestellt werden.

Bitche ist bekannt für seine Zitadelle und den dazugehörigen »Garten des Friedens«. Die Garnisonsstadt liegt westlich von Sarreguemines und ist über die D662 erreichbar. Saveurs de chez nous hat wie folgt geöffnet: Dienstag bis Samstag von 9.30 bis 12 Uhr und von 14 bis 18.30 Uhr. Das Geschäft liegt in der 1 rue maréchal foch, im Zentrum der Fußgängerzone von Bitche. ☎ 00 33 / 9 65 18 59 99. Die Chefin spricht deutsch. Internet:www.saveursdecheznous.fr

7 Im Reich der Kaffeebohne

Seit 1928 existiert das Maison Santos in Luxemburg – eine Kaffeerösterei mit authentischem Flair / In den Kriegsjahren wurde die Bohne in den Kasematten versteckt

Im Maison Santos in der Grand Rue der Luxemburger City dreht sich alles um die kleine Bohne. Bereits seit 1928 existiert die Kafferösterei und ist ein kleines Paradies für die Freunde von Arabica, Robusta & Co. Noch grün werden die Bohnen angeliefert und im

Estelle Schmitt ist eine der Mitarbeiterinnen im Maison Santos.

Keller des kleinen Fachgeschäfts zu wohl duftendem Kaffee verarbeitet. Mehr als 10 Jahre arbeitete Micheline Fettes in der kleinen Rösterei und trinkt auch heute noch jeden Morgen gemeinsam mit ihren früheren Kolleginnen dort ihren Kaffee. Über die Historie der traditionsreichen Rösterei weiß sie bestens Bescheid. »Während des Zweiten Weltkriegs wurde der Kaffee in den Kasematten der Festung versteckt. Die grünen Bohnen wurden in den Kellern regelrecht eingemauert, das war eine sehr kostbare Ware. Aber Plünderern fiel der Kaffee in der Kriegszeit in die Hände. Nach dem Krieg war das Maison Santos das erste Geschäft in ganz Luxemburg, das wieder echten Kaffee verkaufte. Das muss damals eine echte Sensation gewesen sein. Es gab zu jener Zeit ja nur Chicorée-Kaffee aus Gerstenmalz als Kaffee-Ersatz«, so die Luxemburgerin. Die Bohnen der Rösterei kommen unter anderem aus Kolumbien, Brasilien, Ni-

Ein Großteil des Rohkaffees stammt aus Brasilien.

caragua und Afrika. Der Großteil der Ware wird jedoch aus Brasilien importiert. Fast 20 Prozent der rund 550.000 Einwohner des Großherzogtums stammen aus Portugal. Und Brasilien war bekanntlich einst jahrhundertelang portugiesische Kolonie. Gerade der Kaffee aus dem bevölkerungsreichsten Staat Südamerikas mundet nicht nur den portugiesischen Einwohnern offenbar noch immer am besten, die in den 1960er-Jahren als Gastarbeiter vom Großherzogtum angeworben wurden.

Für die Verarbeitung, den Mahl- und den Röstvorgang im Maison Santos ist unter anderem Ana Tavarez verantwortlich. »Das ist schon eine physisch harte Arbeit. Die Kaffeesäcke sind bis zu 70 Kilogramm schwer«, sagt die Portugiesin während sie im Keller, der über eine schmale Treppe vom Geschäft aus erreichbar ist, die Mengen abwiegt. »Aber wenn der Duft des frischen Kaffees durch unseren Laden strömt, wiegt es das allemal wieder auf«, fügt sie strahlend hinzu. Seit rund 14 Jahren arbeitet sie im Maison, das auch Tee und Pralinen im Angebot hat und ganz klassisch, einfach und authentisch eingerichtet ist. So wie man sich Kaffee-Bars der 1960er-Jahre vorstellen würde. Um den Rohkaffee genießbar zu machen, werden die Bohnen geröstet. Beim Erhitzen der Kaffeebohne durchläuft das Röstgut unterschiedliche chemische und physikalische Prozesse, durch welche die röstkaffeespezifischen Farb-, Geschmacks- und Aromastoffe gebildet werden. Bereits bei 60 Grad beginnt der Röstvorgang und endet im traditionellen Verfahren bei 200 bis 250 Grad. Sorte und Qualität der Rohkaffeebohnen sowie Röstzeit und Temperatur bestimmen den Röstgrad und beeinflussen die Aromabildung, Entwicklung der Geschmacksstoffe und Bekömmlichkeit. Je länger bei niedriger Temperatur geröstet wird, desto höher ist die Röstkaffeequalität. Helle Röstungen führen zu einem eher säuerlichen, aber weniger bitteren Geschmack, während dunklere Röstungen leicht süß und zugleich bitter schmecken. Die Mehrheit des Weltmarktanteils (etwa 60 Prozent) des produzierten Kaffees macht die Sorte Arabica aus. Diese Bohnensorte, die nur die Hälfte des Koffeins im Vergleich zur Robusta enthält, ist vor allem wegen ihres Aromas beliebt. Letztere hat etwa 35 Prozent Anteil an der Weltproduktion. Welche Bohnensorte die Einwohner des Grosherzogtums denn favorisieren? »Ganz klar Robusta. Da ist mehr Koffein drin, das macht mehr Herzklopfen. Die Leute möchten morgens auf Trab kommen«, gesteht Micheline Fettes lachend, der es offensichtlich nicht anders geht. Aber auch der kreislaufschonendere und magenfreundlichere Arabica sei beliebt. Die Luxemburger ebenso wie die Deutschen möchten es nicht so bitter, während Einwohner oder Touristen aus den südlicheren Gefilden eher den bitteren Kaffee oder einen Espresso bevorzugen. Letztlich ginge es darum, dass die Bohne lange und bei geringer Temperatur geröstet werde. »Das ist uns sehr wichtig und ganz entscheidend für die Qualität des Kaffees«, sagt Mitarbeiterin Estelle Schmitt, die aus dem lothringischen Thionville stammt. »Und ebenso wichtig ist, dass keine Chemie drin ist und auch der fair gehandelte Kaffee immer stärker nachgefragt wird«, fügt sie hinzu.

Die Portugiesin Ana Tavarez wiegt die noch grünen Bohnen ab.

Das kleine, nette Fachgeschäft mit der langen Tradition, das sich relativ unscheinbar in die Grand Rue der City einschmiegt, wurde bereits in einem Buch, das sich den mythischen Einkaufsadressen der Stadt Luxemburg widmet, erwähnt. Auch die Luxemburger TV-Nachrichten drehten schon im Maison Santos. Den wohlriechenden Kaffeeduft, der die Rösterei regelrecht umhüllt, konnten sie jedoch leider nicht einfangen.

Das Maison Santos liegt in der Haupteinkaufsstraße der Stadt Luxemburg (55 Grand-Rue). Es ist nicht weit von der Boucherie Kaiffer entfernt. Allerdings ist das Geschäft von außen eher unscheinbar. Man läuft schnell dran vorbei. Den Kaffee gibt es zum Vor-Ort-Trinken (kleiner Café-Bereich) oder zum Mitnehmen. ☎ 00 352 / 22 21 82, Internet: www.maison-santos.lu. Geöffnet: Montag von 12 bis 18 Uhr, Dienstag bis Samstag von 8 bis 18 Uhr. Neben hochwertigem Kaffee gibt es auch diverse Teesorten.

8 Der Cassero von Schloss Beaufort

Johannisbeerlikör aus der Kleinen Luxemburger Schweiz / Traditionelles Produkt aus der Region

Jacqueline Kuijpers präsentiert den Likör aus dem Kleinen Müllerthal.

Er ist eine echte Luxemburger Spezialität, der Cassero. Dabei handelt es sich um einen Likör aus schwarzen Johannisbeeren, der ohne chemische Zusätze auskommt und am besten kalt serviert wird. Produzentin des Cassis-Likörs ist Jacqueline Kuijpers, die zugleich Bewohnerin des Schlosses Beaufort im kleinen Müllerthal ist. Denn hier wird der Likör bereits seit den 1930er-Jahren produziert. »Unser Likör wird nach einer alten Rezeptur hergestellt. Traditionell reift er über Monate in großen Eichenfässern im Schlosskeller. Das ist ein ganz authentisches Produkt unserer Region«, sagt Jacqueline Kuijpers. Erfreut ist sie darüber, dass seit 2012 wieder Johannisbeeren aus dem kleinen Müllerthal im Osten des Großherzogtums genutzt werden. Dies war nur bis in die 1960er-Jahre der Fall, denn es war wirtschaftlicher, Johannisbeeren aus Südfrankreich zu beziehen. Nun baut ein Obst verarbeitender Betrieb aus der Nachbargemeinde seit einiger Zeit wieder Johannisbeeren (auf luxemburgisch: Schwarz Kréischelen) auf zwei Hektar an. Im Juli erntet die Vizerei Eppelpress von Jean-Paul Friederes aus Eppeldorf die schwarze Frucht, produziert daraus Marmelade, Sirup, Saft und beliefert auch das Château de Beaufort mit dem geschmackvol-

Seit 1930 gibt es den Likör in diversen Varianten.

Mehrmals am Tag muss das Eichenfass im Schlosskeller gedreht werden.

len Stachelbeergewächs aus der Region, die wegen ihrer hügeligen, wildromantischen Landschaft auch Kleine Luxemburger Schweiz genannt wird. »Es ist wirklich schön, dass es die kleinen Beeren wieder bei uns im Müllerthal gibt. Sie haben ein herbes Aroma mit einem intensiven Geschmack. Der Cassero ist nun wieder ein durch und durch lokales Produkt, so wie er es auch früher schon immer war.« Ihr Cassero wird unvermischt als Likör oder nach Belieben mit Kirschwasser, Sprudel und Weißwein (dann wird er zum Kir) mit Sekt (dann wird er zum Kir Royal) oder mit heißem Wasser (dann mutiert er zum Grog) getrunken. Es gibt weiterhin einen Cassero-Kirsch mit Kirschwasser, einen Framboise des Bois (Likör mit Waldhimbeeren) sowie einen Vieille Prune (Zwetschgenbrand). »Es ist jedem selbst überlassen, wie er den Cassero am liebsten trinkt. Mit Sprudel vermengt ist er sehr erfrischend. Als Kir mundet er ebenfalls hervorragend. Im Winter wärmt er als Grog auf. Das ist eben ein sehr vielfältiges Getränk aus einer alten Frucht, die man schon im Mittelalter zu schätzen wusste und reich an Vitamin C ist«, so die Likörproduzentin, die pro Jahr etwas mehr als 5000 Flaschen herstellt.

Seit fünf Jahren ist Jacqueline Kuijpers »Schlossherrin« und Likörproduzentin in Personalunion. Die Familie hilft bei der Pressung der Beeren im Spätherbst oder beim mehrmaligen Drehen der mächtigen Eichenfässer pro Tag (damit sich der Zucker entsprechend auflöst) tatkräftig mit. Die Spezialität aus dem Schloss Beaufort ist in ganz Luxemburg bestens bekannt. Man erhält den edlen Tropfen neben dem Verkaufsstand im Schloss zudem nur in einigen wenigen Feinkostläden des Großherzogtums. Auch einen »Angesetzten« mit schwarzen Johannisbeeren bietet die Dame des Hauses an. Neben ihrer Arbeit als Cassero-Produzentin führt die

Ebenfalls sehenswert: das Renaissanceschloss Beaufort bei der gleichnamigen Burg.

Luxemburgerin auch durch das Renaissanceschloss Beaufort, wo sie mit ihrer Familie lebt. »Ich habe es von unten im Dorf bis nach oben ins Schloss geschafft, wenn man so will«, fügt die sympathische Frau scherzhaft hinzu. Das Château wurde Ende des 17. Jahrhunderts errichtet und kann seit 2012 (bis dahin lebte dort die letzte Schlossherrin Anne-Marie Linckels, die mit 97 Jahren verstarb – ihr Schloss hatte sie dem Staat veräußert, jedoch zuvor ein lebenslanges Wohnrecht ausgehandelt) besucht werden. Es war unter dem General des spanischen Königs und Zivilgouverneurs des Herzogtums Luxemburg errichtet worden. Man kann dort prunkvolle Salons und zahlreiche Räumlichkeiten des täglichen Lebens besichtigen. Und dann gibt es da noch die mittelalterliche Burg von Beaufort, deren Bau in der Mitte des 12. Jahrhunderts begann. Ab dem 18. Jahrhundert blieb sie unbewohnt und wurde von den Bewohnern der Gemeinde Befort als Steinbruch benutzt. Bereits seit 1932 ist die imposante Ruine neben dem Château der Öffentlichkeit zugänglich.

Beaufort (französisch)/ Befort (deutsch)/ Beefort (luxemburgisch) befindet sich westlich von Echternach im Osten des Großherzogtums und ist über die D128 erreichbar. Château und Burg liegen direkt an der D128 am Ortseingang und sind kaum zu übersehen. In der Burg gibt es auch einen Verkaufsstand für den Cassis-Likör. Öffnungszeiten Burg: April bis November von 9 bis 17.30 Uhr. Schloss: ebenfalls April bis November, jeweils Donnerstag bis Sonntag. Führungen finden um 11 und um 16 Uhr statt. Im April nur mit Voranmeldung. ☎ 00 352 / 6 21 27 95 06

9 Das Geheimnis der Braukunst

In Stenay hat das größte Biermuseum Europas seinen Sitz / 50.000 Exponate in alter Zitadelle im Département Meuse

Es ist geradezu ein Denkmal für den Gerstensaft. Seit 1986 existiert in dem kleinen Örtchen Stenay nordwestlich von Metz das Europäische Biermuseum und es gilt gar als das größte des Kontinents. In dem ehemaligen Vorratsgebäude der eindrucksvoll restaurierten Zitadelle aus dem 17. Jahrhundert, die 1879 in eine Mälzerei umgewandelt wurde, gibt es allerhand über die Braukunst in Frankreich zu sehen. Fast 50.000 Exponate auf einer Fläche von rund 3000 Quadratmetern informieren über die Geschichte der Brauereitechniken und der Kultur des Gerstensafts von den Anfängen bis zur Gegenwart. Man sieht die Hopfenkammer, die Mälzerei, den Gärkeller oder den Brausaal. Unter anderem werden zahlreiche Emaille-Schilder und großformatige Plakate historischer Bierwerbung in der Abteilung »Brauereiwerbung im Laufe der Geschichte« ausgestellt. Vom Bierdeckel über die Sudpfanne bis zur Abfüllanlage von 1880 ist in dem akribisch eingerichteten Museum einiges zu entdecken. Brauerei-Utensilien, wohin man auch schaut – Abfüllflaschen vergangener Tage oder ein Film über das Brauen gestern und heute.

Sudpfanne im Brauereimuseum nahe der belgischen Grenze.

Nicht ohne Grund wurde der Ort im Département Meuse für das Musée Européen de la Biére ausgewählt. Ab Mitte des 19. Jahrhunderts war das Grenzgebiet zu Belgien und den Ardennen Marktführer in der Produktion des Gerstensafts beim gallischen Nachbarn. Unzählige kleine Brauerein gab es damals, während heutzutage mit Heineken und Kronenbourg gerade mal zwei Marken als Global Player das Gros des Marktes in Frankreich beherrschen. Allerdings sind handwerklich gemachte Biere kleiner Mikro-Brasserien wieder stark im Kommen. Das sogenannte Craft Beer gedeiht auch in Ostfrankreich. Schließlich werden im Elsass und in Lothringen im-

Teile einer Abfüllanlage nebst Werbung einer Ardennen-Brasserie.

mer noch fast zwei Drittel des gesamten Bieres im Weintrinkerland Frankreich gebraut. Im Elsass gibt es neue Marken wie Moon, Uberrach, Bendorf oder Sainte Crucienne, während in Lothringen beispielsweise Bit'chum der Brasserie Tom & Charly Biertrinker auf den Geschmack bringt. Bei Letzteren handelt es sich um zwei junge Autodidakten aus dem Bitscher Land. Sie haben kurzerhand eine Mikro-Brasserie im Département Moselle lanciert – und das mit reichlich Erfolg. Die beiden Studenten kreierten ein unfiltriertes Bier mit starkem Hopfengeschmack und leichter Zitrusnote. Die erste Bierstraße im Elsass wurde im Übrigen bereits zu Zeiten des Baus des Straßburger Münsters eröffnet, wie man im Museum erfährt. Von der Karolingerzeit über die Hochphase der Klosterbrauereien der Mönche bis zum Hier und Heute skizziert das Museum die Geschichte des Bieres auf äußerst anschauliche Weise. Der Fokus im Musée Européen de la Biére wird auch auf die technischen Verfahren der Gärung gelegt. So erfährt man, dass beim Brauen weibliche Hopfenblüten verwendet werden und bei der Transformation beim Mälzen das Braukorn angekeimt wird. Die Herstellung von Bierflaschen ging erst im 18. Jahrhundert in die Massenproduktion. Am Ende der Visite locken der Museumsshop und das gemütliche Brasserie-Bistro, um diverse Biere selbst zu verkosten – darunter etliche exotische Frucht- und Trappistenbiere aus dem nahen Belgien. Sehr schön ist auch der Museumsgarten, in dem sich der einzige Hopfengarten Lothringens befindet.

Das Musée Européen de la Biére befindet sich in Stenay (an der D964, D947 nordwestlich von Metz nahe der belgischen Grenze, Nachbarort ist Montmedy) 17 rue du Moulin. Das Museum ist im Ort ausgeschildert und einfach zu finden. Die Öffnungszeiten sind jeweils vom 1. März bis 1. Dezember eines Jahres von 10 bis 12.30 Uhr und von 13.30 bis 18 Uhr. Eintritt: 5 Euro, ermäßigt: 3,50 Euro. Es gibt spezielle Gruppentarife. Infoblätter sind auf Deutsch vorhanden. Internet: www.musee-de-la-biere.com. Es existieren in Lothringen zudem mit dem Musée Français de la Brasserie in Saint-Nicolas-de-Port bei Nancy und dem Ecomusée Vosgien de la Brasserie in Ville-sur-Illon in den Vogesen zwei weitere Brauereimuseen.

10 Eine Hommage an die Kakaobohne

Lothringer betreibt ein kleines, aber feines Museum für Schokoladengussformen

Jean Plumereys Verhältnis zur Kakaobohne könnte man zweifellos als inniglich bezeichnen. Der 50-Jährige aus Saint Jean Kourtzerode bei Phalsbourg ist ein Chocolatier aus Leidenschaft. Vor allem die Historie des Handwerks und die Produktionsweise der Vorväter begeistern den Lothringer. Daher hat er vor einigen Jahren ein kleines, aber feines Museum aus der Taufe gehoben. In einem Nebenraum seines Hauses befinden sich über 4000 Schokoladengussformen diverser Epochen hinter Glasvitrinen. »Die älteste ist etwa von 1840. Nach dem Zweiten Weltkrieg nahmen Gussformen aus Weißblech rapide ab. Man benutzte von nun an Kunststoff. Das war billiger und ging schneller. Aber ich hänge an den traditio-

Jean Plumerey hier mit zwei seiner traditionellen Gussformen.

nellen Gussformen. Sie stehen für eine andere Qualität«, erklärt Jean Plumerey. Wohin man auch schaut, sieht man diese in allen erdenklichen Variationen. Die Tierwelt ist stark vertreten: Fische, Störche, Bären, Wildschweine, aber auch exotischere Varianten wie Affen, Krokodile oder Elefanten. Natürlich sind Nikoläuse oder Osterhasen überproportional repräsentiert. Aber offensichtlich waren der Fantasie bei den Schokoladenkreationen kaum Grenzen gesetzt.

Gussformen des Eiffelturms aus dem Jahr 1900, als die Weltausstellung in Paris stattfand, gesellen sich zu Clowns, Babys, Jägern oder Märchenfiguren wie Aschenputtel und Formen unterschiedlicher Handwerksberufe. Ein besonders exotisches Exemplar mit teuflischen Zügen präsentieren Jean Plumerey und seine Gattin mit dem sogenannten Krampus, quasi die österreichische Variante des Knechts Ruprecht zur Weihnachtszeit. Der 50-Jährige hat seine riesige Sammlung – nur im baskischen Biarritz gibt es in Frankreich eine ähnlich große Kollektion – über die Jahre zusammengetragen. Vor allem auf Flohmärkten wurde er fündig. Oder bei Auflösungen von Bäckereien und Konditoreien. Die Faszination für die Gussformen ist dem Lothringer deutlich anzumerken. Für die Kunststoffformen der Neuzeit hat er nichts übrig. »Kollegen denken manchmal, ich bin ein wenig verrückt, bei dem ganzen Aufwand, den ich betreibe. Gießen mit diesen alten Formen dauert in der Regel vier Stunden. Bei Bestellungen brauchen wir entsprechende Vorlaufzeiten. Aber das ist es definitiv wert. Die historischen Gussformen sind ganz anders ausgearbeitet. Die Details und die Finessen sind beim Endprodukt viel deutlicher zu erkennen als bei den groben Formen heutzutage. Zudem ist dies auch eine Hommage an die Ästhetik und Tradition unseres Handwerks«, so der passionierte Chocolatier. Und der Franzose weiß durchaus, wovon er redet. Seine Kreationen ziehen Naschkatzen von Metz und Nancy oder Strasbourg und Colmar nach Ost-Lothringen. Im Restaurantführer Gault Millau wird er lobend erwähnt. Von der Handelskammer des Departements Moselle wurde er 2012 für Innovationen und kulinarische Kreativität ausgezeichnet. Und etliche Busunternehmen aus Frankreich, Österreich oder Belgien steuern das kleine Atelier nebst Museum mittlerweile an, um dem Meister bei seiner production artisanale über die Schulter zu blicken. Mehr als 5 Tonnen Schokolade verarbeitet Plumerey pro Jahr. Dabei setzt er auf beste Qualität und wird von Plantagen aus Südamerika und Afrika beliefert. Vorwiegend dunkle Tafelschokolade mit über 70 Prozent Kakaoanteil produziert der Handwerker aus Moselle. Hinzu kommen Pralines, Orangetten, Liköre, seine kunstvollen Schokoladen-

Drei der Formen aus Weißblech in dem Museum bei Phalsbourg.

formen und viele weitere Leckereien aus der berühmten Bohne. Über die könnte Jean Plumerey, der sogar ein Patent auf seine Schokolade angemeldet hat, stundenlang philosophieren. Er weiß wie ein Sommelier, welches Getränk am besten zu welcher Schokolade passt. »Unter 70 Prozent Kakaoanteil bedeutet viel Tannin. Da passt ein Rotwein sehr gut dazu. Wenn es mehr als 72 Prozent sind, ist ein Kaffee geradezu ideal.« Und schon beginnt er eine kleine Vorführung und demonstriert, wie Schokolade in eine Gussform geträufelt wird. Ganz entscheidend: Er schmiert die Innenseite der Form vorher mit Schokolade ein, denn das bringe den besonderen Schmelz auf der Zunge. »Das macht eigentlich kaum einer mehr. Den meisten ist das zu viel Arbeit. Für mich gebietet es der Respekt gegenüber der Handwerkskunst und natürlich dem Kunden«, erläutert der Schokokünstler. Die Masse aus Kakaobutter und Rohrzucker wird zunächst heruntergekühlt, ehe sie sorgfältig verstrichen wird.

Der Chocolatier demonstriert, wie die Schokolade für die Form vorbereitet wird.

Plumerey weiß natürlich auch über die gesundheitlichen Vorzüge seines Produkts ausführlich zu berichten. »In dunkler Schokolade ist viel Magnesium und Calcium enthalten. Früher galt Schokolade ja als reine Medizin. Es ist eben ein rundum positives Produkt, das viele an die Kindheit erinnert.« Freilich werden beim Genuss auch Endorphine ausgeschüttet. Bekanntlich ist Schokolade in edlen Varianten längst zu einem Luxusprodukt geworden. Gerade die aufwendige Arbeitsweise mit feinsten Zutaten wie sie der Mann aus Moselle betreibt, hebt den edlen Charakter der Bohne hervor. Und speziell Kinder können sich an seinen Schokoladenkreationen, die bis zu 2 Kilogramm auf die Waage bringen, wohl kaum satt sehen.

Museum und Atelier befinden sich in Saint Jean Kourtzerode (11 rue de l`Eglise) unweit von Phalsbourg/Saverne. Das kleine Dorf liegt unweit der N4, Geschäft und Museum befinden sich am Ortseingang. Jean Plumerey und seine Gattin sprechen deutsch. Gruppenführungen sind telefonisch zu vereinbaren. ☎ 00 33 / 3 87 03 58 46. Dort ist natürlich auch eine Degustation möglich. Internet: www.artistechocolatier.fr

11 Rohmilchkäse aus den Nordvogesen

Fromagerie in Walschbronn steht für authentisches Aroma des Nordosten Lothringens / Tomme, Camembert & Co

La Ligne Bleue heißt die kleine Fromagerie in Walschbronn direkt an der Grenze zur Pfalz. Hier im Nationalpark Nordvogesen hat Käsemacherin Evelyne Houquet das Sagen. Gemeinsam mit ihrer Kollegin Pierrette Spannagel stellt sie in akribischer Handarbeit diverse Frischkäse, den Camembert Le Saint Léon, Tomme du Pays de Bitche sowie verschiedene Munster-Käse her. Und das noch mit der gleichen Begeisterung wie vor etwas mehr als 15 Jahren als sie in der Berg-Käserei am Ortsende von Walschbronn anheuerte. »Ich esse jeden Tag Käse. Es kann natürlich auch mal ein Roquefort, ein Comté oder etwas anderes sein. Aber Käse kommt bei uns eigentlich fast immer auf den Tisch. Ich mag die Frische, die Kräuter – einfach den würzigen Geschmack«, sagt die Frau, die vor ihrer Tätigkeit als Affineurin bei Renault gearbeitet hat. Die Produkte von La Ligne Bleue werden in Supermärkten wie Cora, Match, Magasin Vert, Intermarché oder Super U in Lothringen (unter anderem in Bitche, Saargemünd, Lemberg, Metz) verkauft. Zudem zählen Restaurants der Gegend zu den Abnehmern. Ferner werden die Käsespezialitäten im Sommer auch auf Bauernmärkten sowie ganzjährig im eigenen Hofladen feilgeboten. Wie der Käse aus Walschbronn entsteht? »Na ja, wir haben da natürlich unsere Geheimrezepte«, sagt Evelyne Houquet verschwörerisch, fügt aber schnell hinzu: »Das eigentliche Procedere ist ja schon seit Jahrhunderten bekannt. Da hat

Evelyne Houquet (li.) und Pierrette Spannagel bei der Arbeit.

sich nicht viel geändert und es ist auch kein wirkliches Geheimnis. Die Grundlage ist die gute Milch unserer Kühe in den Vogesen, die ausschließlich Heu und Gras fressen«, sagt die Französin, während sie zum Fenster geht und auf eine friedlich grasende Herde auf den sanft geschwungenen, grünen Hügeln des Bitscher Landes deutet.

Der Käse wird sorgfältig gepresst.

Die Herstellung eines traditionellen Camemberts aus frischer Kuhrohmilch dauert rund drei Wochen. Am ersten Tag wird die Milch gesäuert und in einem geheizten Raum (28 bis 30 Grad) in großen Kesseln auf etwa 35 Grad erwärmt und mit Lab zum Gerinnen gebracht. Die mit Lab dickgelegte Milch (Dickete oder Gallerte) wird mit viel Gefühl in fünf Schichten in einzelne Käseformen gepackt. Dadurch bleibt im Käse sehr viel Molke übrig und die Masse erhält so eine cremige Textur. Wenn die Käselaibe angetrocknet sind, werden sie gewendet. Am zweiten Tag werden die Käse aus den Formen genommen und im auf 18 bis 20 Grad temperierten Salzraum rundherum mit Salz bestreut und anschließend mit weißem Edelschimmel behandelt, der das Wachstum der weichen Pilzflora auf der Oberfläche bewirkt. Am dritten Tag kommt der Käse in den Reiferaum, wo permanent eine Temperatur zwischen 10 und 14 Grad eingehalten wird. Die Reifezeit dauert je nach Jahreszeit um die 12 Tage. »Das ist alles sehr viel Handarbeit. Der Käse kommt ins Salzbad, muss abtropfen und wird immer wieder gewendet. Später kommt er in den Reifeschrank. Es sind immer wiederkehrende Handgriffe. Man muss viel manuell prüfen. Man hat naturgemäß schon im Gefühl, wann Bakterien eingesetzt werden müssen oder welche Kräuter nötig sind. Aber der Käse ist auch immer wieder anders, je nach Jahreszeit. Er hat einfach einen individuellen Charakter. Man muss immer sehr aufmerksam sein«, weiß Evelyne Houquet aus langjähriger Erfahrung.

Beim Tomme wird ebenfalls Rohmilch von der Kuh verwendet. Auch hier kommt Lab und die Erwärmung auf etwas mehr als 30 Grad

Evelyne Houquet präsentiert einen Käselaib aus ihrer Produktion.

zum Einsatz. Für den Käse aus den Nordvogesen wird die Milch zuvor entrahmt, der Rahm verbuttert und nur die Magermilch zur Käseproduktion genutzt. 24 Stunden ist er im Salzwasser, danach reift er mehrere Wochen. »Je länger er reift, desto kräftiger wird er natürlich«, sagt die Käseveredlerin aus dem Departement Moselle, während sie die Masse verpresst und ihre Kollegin mit der Käseharfe im Edelstahlbottich der blitzsauberen Fromagerie kreisende Bewegungen vollzieht. Rund 1800 Liter Kuhmilch werden pro Woche verarbeitet. »Wir repräsentieren das authentische Aroma unseres Landstrichs. Ein frisches Bauernbrot aus den Vogesen, dazu Frischkäse mit feinen Kräutern und Bärlauch. Das ist doch herrlich. Was will man mehr?« sagt die Käsemacherin lachend, während sie die runden Laibe in den Reiferaum transportiert.

Walschbronn liegt direkt an der Grenze zur Pfalz (in der Nähe von Zweibrücken und Pirmasens). Erreichbar über die D86. Die Fromagerie La Ligne Bleue befindet sich in der rue de la Tuillerie, Hausnummer 31b, etwas abseits nahe des Ortsausgangs am Berghang. Der Hofladen hat von Montag bis Donnerstag von 8.30 bis 12.30 Uhr sowie am Freitag von 8.30 bis 18 Uhr geöffnet. Neben dem Käse aus eigener Produktion gibt es auch Konfitüre, Honig und weitere Spezialitäten aus der Region. Die Käse der Fromagerie sind auch in Supermärkten in Ost-Lothringen erhältlich. ☎ 00 33 / 3 87 96 52 70, Internet: www.fromageriedewalschbronn.fr

12 Nougatliebhaberin aus Nancy

Lothringerin betreibt Nougaterie / Mirabellenvariation ganz besonders gefragt

Eines ist ganz offensichtlich: Jeanne Cassone liebt ihre Nougatkreationen. Im Herzen der Innenstadt von Nancy betreibt sie mit ihrer Kollegin Sylvie die Nougaterie Jacasse. Es sei im Grunde ja kein Hexenwerk Nougat herzustellen, betont die Lothringerin. »Man benötigt Eiweiß, ein wenig Zucker, Honig und Mandeln. Wichtig ist, dass die Zutaten von höchster Qualität sind. Wenn man das nötige Wissen und die technische Einrichtung hat, sollte das eigentlich gelingen. Und ein bisschen Liebe sollte natürlich auch im Spiel sein«, erklärt Jeanne Cassone schmunzelnd. Vor allem ihr Mirabellennougat sei sehr gefragt, erklärt die Unternehmerin, die sich vor etwa vier Jahren mit ihrem kleinen Lädchen selbstständig gemacht. »Die Mirabelle steht für Lothringen wie sonst keine Frucht. Sie schmeckt den Menschen einfach. Ebenso der Nougat mit Bergamotten oder Pflaumen. Karamell gibt es bei uns natürlich auch. Karamellsahne schmilzt im Mund und bleibt nicht an den Zähnen hängen – auch nicht ganz unwichtig. Seit Neuestem haben wir zu Weihnachten Lebkuchennougat im Angebot. Wir lassen nichts aus und sind zu jeder Jahreszeit bestens aufgestellt«, scherzt die lebhafte Frau. Die Nougatvariationen ihrer kleinen Manufaktur liefert sie an Cafés und Restaurants in der Umgebung und verkauft sie selbstredend auch in ihrem schmucken Ladengeschäft. Das alles sei noch echte Handarbeit, betont Jeanne Cassone, die ihre Grundmasse des Nougats aus Montélimar bezieht. Der Ort im Norden der Provence ist für seinen guten Nougat weltweit bekannt.

Jeanne Cassone ist Nougatmacherin aus Leidenschaft.

»Nougat zählt zu den dreizehn Desserts der Provence. 1730 soll das Rezept für den weißen Nougat entstanden sein. Natürlich ist Nougat als Konfekt generell viel älter. Schon die alten Griechen haben ihn genossen. Wir halten uns handwerklich an die Rezepte aus dem 18. Jahrhundert und bringen unsere eigenen Ideen ein«, so die Süßwarenspezialistin. Die Rezeptur soll einst über Marseille in die Provence gelangt sein, wo die Herstellung im 17. Jahrhundert mit der Einführung asiatischer Mandelbäume begann. In Frankreich soll der Wortstamm von Nougat semantisch von der Bezeichnung »tu nous gâtes« (»du verwöhnst uns«) abgeleitet sein. Beim Nougat vom Rande der Provence (nördlich von Orange) muss der Samenkernanteil mindestens 30 Prozent betragen, davon 28 Prozent geröstete Mandeln sowie 2 Prozent Pistazien. Es gibt ganz verschiedene Varianten: hart oder weich, weiß oder farbig oder mit verschiedenen Aromen versetzt. Das Produkt aus Nancy besteht aus Lavendelhonig, Pistazien, Zucker, Glukosesirup, Mandeln und Eischnee. Der Eischnee wird mit erhitztem Honig vermischt, hinzu wird eine aufgekochte Zuckerlösung gegeben und die Masse dann mit diversen Zutaten vermengt. Allein sieben Tage muss die Konfektmasse trocknen. Saisonal läuft die süße Ware an Ostern und Weihnachten am besten. »Aber eigentlich wird Nougat das ganze Jahr über gegessen. Mir schmeckt er ja auch jeden Tag«, gesteht die Patissière, die sich ihr Fachwissen komplett selbst angeeignet hat. In der Region erhalte man beispielsweise besten Honig aus den Wäldern Lothringens. Und den Naschkatzen scheint es zu munden. »Wir denken daran, weitere Filialen aufzubauen und unseren Vertrieb auszuweiten«, plant die Chefin des Konfektladens eine Expansion ihres kleinen Genuss-Imperiums.

Weißer Nougat gehört zu den Spezialitäten der kleinen Manufaktur.

Die Nougaterie Jacasse von Jeanne Cassone befindet sich in 36 rue Jean Lamour, Nancy. Rund 1 Kilometer oder 15 Gehminuten vom Place Stanislas entfernt (beim Jardin du Joli Cœur). ☎ 00 33 / 3 83 33 45 32, Internet: www.nougaterie.-jacasse.com (dort findet man auch diverse Rezepte). Die Öffnungszeiten sind von Montag bis Samstag von 14 bis 18 Uhr. Vormittags wird in der Manufaktur gearbeitet. In dem hübschen Geschäft findet man zahlreiche Variationen des beliebten Konfekts.

13 Die Wendeltreppe von Fénétrange

Schlossturm mit einzigartiger Konstruktion / Architektonische Pioniertat des 16. Jahrhunderts

Ein regelrechtes Unikum beherbergt das Städtchen Fénétrange nordwestlich von Phalsbourg. In seinem Château ist eine Wendeltreppe zu sehen, die einzigartig für Lothringen ist, wenn nicht gar für ganz Frankreich zu Zeiten der Renaissance. Die Steintreppe hat nämlich keinen Stützpfeiler in der Mitte und schlängelt sich in einem Guss entlang des Turms nach oben. Fast mutet die skurril wirkende Wendeltreppe ein wenig wie ein Schneckenhaus an. Bis ganz nach oben ist der Blick völlig frei auf die sich stetig verjüngende Konstruktion, die einem fast schwindlig werden lässt. Ziemlich ungewöhnlich wirkt das Bauwerk so ganz ohne Pfeiler und Stützelemente, welches die Windungen der Treppen nachvollzieht. Man überlegt sich durchaus zweimal, ob man den Weg nach oben wagen soll. Aber was die Jahrhunderte halbwegs schadenfrei überdauert hat, wird wohl auch nicht im Hier und Heute seinen Dienst versagen. »Das ist eine absolut außergewöhnliche Architektur. Es gibt in ganz Europa nur sehr wenige Wendeltreppen, die so erbaut wurden. Das ist eine erstaunliche architektonische Leistung, die damals seiner Zeit weit voraus war«, erläutert Touristik-Führer Hamoud Soualmia, Lothringer mit algerischen Wurzeln. Bereits im 16. Jahrhundert wurde die bizarre Wendeltreppe errichtet, die

Blick auf das Schloss des historischen Städtchens.

wohl jedem Thriller problemlos als Kulisse dienen könnte. Fénétrange war ursprünglich eine Pferde-Relaisstation der Armee. Das Städtchen mit seinen heute gerade mal 800 Einwohnern hat seinen mittelalterlichen Stadtkern mit Schloss und Stiftskirche bewahrt. Allerdings ist die historische Bausubstanz etwas in die Jahre gekommen – trotz einer aufwendigen Restaurierung der Anlage für rund 2,5 Millionen Euro vor einigen Jahren.

Fénétrange wurde 1070 als Vinstringen erstmals urkundlich erwähnt. Die Stadt war zu jener Zeit Münzstätte der Stiftsdamen der Abtei Remiremont. Ihre Vögte waren die Herren von Malberg, die sich ab 1259 Finstingen nannten. Als 1469 deren männliche Linie ausstarb, begann Lothringen durch Ankäufe immer mehr Einfluss auf die Besitztümer zu nehmen. 1584 erhielt Finstingen den Freibrief, 1708 fiel die Stadt an Lothringen, 1766 – nach dem Tod von Herzog Stanislas – an die französische Krone. Auf die einzigartige Spindeltreppe ist man im Ort durchaus stolz. »So ein Gebilde sieht man ja sonst nicht. Das ist sehr selten, eine echte Rarität. Die Statiker und Steinmetze haben damals ganze Arbeit geleistet. Jeder, der dies zum ersten Mal sieht, wundert sich«, weiß der Mann aus dem Maghreb, der auch als Nachtwächter Touristen durch den Ort südlich von Sarre-Union führt, aus langjähriger Erfahrung. Bereits im 12. Jahrhundert wurde, wo sich heute das Château befindet, ein Schloss mit Wassergraben erbaut. Von Unheil blieb das Château über die Jahrhunderte allerdings nicht verschont. Ein Großbrand sorgte dafür, dass es Anfang des 16. Jahrhunderts in Schutt und Asche versank. Auf Fundamenten des historischen Gemäuers entstand schließlich das neue Renaissanceschloss. 1584 wurde eine Kapelle in gotischer Anmutung von der Baronin Diane de Dommartin in Auftrag gegeben und realisiert. Im 18. Jahrhundert erfolgten vorwiegend klassizistisch geprägte Umbauten. Ab dem 19. Jahrhundert wurde das Gemäuer am äußersten Rand des Naturparks Nordvogesen dann mehr oder weniger seinem Schicksal überlassen. Zu Höherem war im Übrigen Heinrich II. von Finstingen berufen. Der Adlige aus Lothringen wurde im späten 13. Jahrhundert Erzbischof und Kurfürst von Trier. Ebenfalls in Fénétrange befindet sich eine ehemalige jüdische Synagoge, die von einer Saarländerin gekauft, zu einem grenzüberschreitenden Kulturzentrum umfunktioniert und so gleichzeitig vor dem Verfall bewahrt wurde.

Fénétrange befindet sich zwischen Sarre-Union und Phalsbourg und ist über die E25 zu erreichen. Je nachdem von welcher Richtung kommend, bei Sarre-Union (auf die D8) oder Phalsbourg (auf die D1) die Landstraße Richtung Fénétrange nehmen. Öffnungszeiten des Schlosses: 1. Juni bis 30. September: Mittwoch bis Samstag von 13 bis 17 Uhr, Freitag und Sonntag von 14 bis 17 Uhr. Eintrittspreis: 2 Euro. Gruppenführungen möglich. Kontakt über das lokale Office de Tourisme. ☎ 00 33 / 3 87 07 53 78

14 Venedig in den Vogesen

Der venezianische Marsch lockt Jahr für Jahr Tausende Touristen ins lothringische Remiremont

Es ist ein buntes, ein farbenfrohes Spektakel, das jedes Jahr im lothringischen Remiremont über die Bühne geht. Im Osten Frankreichs ist der venezianische Karneval bestens eingeführt. Seit fast zwanzig Jahren wird hier ebenso gefeiert wie in der italienischen Lagunenstadt. Mit üppigen, fantasievollen Kostümen und den ob-

Geheimnisvoll: Kostümierte Maskenträgerin in Remiremont.

ligatorischen Masken, die das Antlitz verhüllen und jeder Person, die sie trägt, ein Hauch Mystik verpassen. Denn wer sich dahinter verbirgt, das ist nur schwer zu entschlüsseln. Etwas Magisches verleiht die Kostümierung dem Träger und macht ihn zu einer Art Zwischenwesen. Eine, die sich der Produktion von Kostümen und Masken in dem beschaulichen Städtchen im Arrondissement Épinal verschrieben hat, ist Denise Marquis. Die gelernte Schneiderin fertigt Masken für ihre Kundschaft in ihrem kleinen Atelier an und nicht zuletzt für sich selbst. »Ich bin pro Jahr zweimal in Venedig. Einmal zum Karneval selbst, um mich vom Original inspirieren zu lassen. Und zum anderen, um Stoffe und Masken einzukaufen, die dann entsprechend gestaltet werden.« Flugs greift sie in ihre Schatztruhe in dem kleinen Ladengeschäft für Textilien und Schneidereibedarf im Herzen der Klosterstadt und zaubert prächtige Kostüme hervor. »Wir können hier einen echten Traum leben.

Denise Marquis schneidert Kostüme und kreiert Masken für das Spektakel.

Das versuche ich mit meiner Arbeit zu unterstützen«, erläutert sie, während sie bunte Fantasiekostüme mit allerlei dazugehörigen Accessoires in ihren Händen wiegt. Wochenlang schneidert die Designerin aus dem Département Vogesen akribisch an ihren Entwürfen, bespricht mit ihrer Kundschaft, wie das Endprodukt anmuten soll. Auch bei den obligatorischen Masken kennt ihre Kreativität kaum Grenzen. Sie deutet auf eine Gesichtsbedeckung, für die sie sich Ideen aus dem alten Ägypten und dem Antlitz Kleopatras holte. Ihr Geschäft ist voll von den weißen Grundmasken, die anschließend prunkvoll verziert werden. Im wirklichen Leben trägt die Französin im Übrigen eher gedeckte Farben – bevorzugt Schwarz. Aber beim Karneval, der in der Regel immer im März den Marktplatz von Remiremont zur Prachtmeile werden lässt, kennt auch bei ihr die Farbenfreude keine Grenzen. »Ich liebe Rot, Orange oder Blau. Das hier ist beispielsweise das ›Kostüm der Liebe‹. So nenne ich es«, sagt sie schmunzelnd und schlüpft kurzerhand selbst in das rote Kostüm, das mit den drapierten Herzen auf dem opulenten Hut die Botschaft ebenso stil- wie kunstvoll transportiert. Denise Marquis zeigt Fotos von Bekleidungen vorangegangener Festivitäten. Sie haben Namen wie »Die Sonne« oder »Der Wind«, eines farbenfroher und exzentrischer als das zuvor. »Im Grunde ist es ja wie eine Art Theater. Ich mag diesen Schuss Verrücktheit, der dem Brauch inne wohnt. Das Faszinierende ist, dass man lediglich die Augen des Maskenträgers sieht. Mehr nicht. Es ist ein Spiel, etwas Magisches. Deswegen besuchen uns in jedem Jahr wohl so viele zu unserem Festival«, vermutet die Inhaberin des Geschäfts Zig-Zag.

Derjenige, der die Idee des Karnevals von der Lagune in die auf den ersten Blick nicht unbedingt naheliegenden Vogesen brachte, ist Yves Chrétien. Vor genau 19 Jahren organisierte er den ersten carnaval vénitien in Remiremont. »Mich hat die Fröhlichkeit und die Kostümierung in Venedig schon immer sehr beeindruckt – dieses Geheimnisvolle und Rätselhafte und gleichzeitig diese überbordende Lebensfreude. Also dachte ich mir, warum ist das nicht auch bei uns möglich?« Gesagt, getan. Am Anfang benötigte der Kaufmann noch reichlich Überzeugungsarbeit bei Gemeinde und Einwohnern. Zu Beginn seien es lediglich einige Dutzend Personen gewesen, die sich am venezianischen Marsch beteiligten. Einige Jahre später sah das schon ganz anders aus. Und heute? »Die Hotellerie und die Gastronomie kann sich unsere Stadt gar nicht mehr ohne dieses Spektakel vorstellen. Sie lockt viele Besucher, oft mit Fotoapparaten ausgerüstet, an. Das ist ein echter Tourismusfaktor geworden«, berichtet er. Mittlerweile kommen rund 20.000 Besucher jedes Jahr im März in das knapp 8000 Einwohner zählende Städtchen westlich von Gérardmer. 2014 fand die Festivität aus organisatorischen Gründen erstmals zwischen dem 10. und 13. April statt. Die historische Altstadt wurde nachts illuminiert, während skurrile Gestalten durch die Gassen zogen. Der »Canale Grande« wirkt dann gar nicht mehr fern. Der große Marsch der Kostümierten, der Maskenball, Markt und Tanz gehören zum jährlichen Programm. »Es sind stets mehr als 500 Kostümierte dabei. Das gesamte Programm vorzubereiten, bedeutet natürlich einiges an Arbeit. Unser Verein besteht aus 200 Mitgliedern, das Festkomitee aus rund zwei Dutzend Leuten. In den Wochen davor wird fast nonstop gearbeitet. Aber die Lust so ein Spektakel zu veranstalten und den Menschen Freude zu bereiten, wiegt das schnell wieder auf«, sagt Ives Chrétien, der dem Verein Venzianischer Karneval in Remiremont vorsteht, lächelnd.

Venezianische Masken für den Vogesen-Karneval.

Remiremont liegt südlich von Épinal, westlich von Gérardmer (über die N57 oder D466 zu erreichen). Der Karneval findet Mitte/Ende März eines jeden Jahres in der Altstadt von Remiremont statt und dauert vier Tage. Höhepunkt ist der venezianische Marsch, der an allen Tagen über die Bühne geht. Der Eintritt zu dem farbenfrohen Maskenball ist frei. Rund um den Karneval gibt es noch zahlreiche weitere Veranstaltungen. Mehr Infos im Internet: www.ot-remiremont.fr

15 Der letzte Hutmacher von Luxemburg

Marco Laux hält die Gilde der Modisten am Leben / Früher ging man nicht ohne Hut aus dem Haus

Wer sich Fotos aus den 20er- oder 30er-Jahren des vergangenen Jahrhunderts anschaut, sieht sofort: Ohne Hut ging man damals nicht aus dem Haus. Die Zeiten haben sich mittlerweile geändert. Nach wie vor hält aber Marco Laux das traditionelle Handwerk im Großherzogtum am Leben. Der Luxemburger betreibt in der City das Hutgeschäft Modes Nita. Seit rund 50 Jahren existiert das Fachgeschäft, Laux ist in zweiter Generation tätig. Und: Er ist der letzte Hutmacher von Luxemburg. Das heißt: Er gehört zur aussterbenden Spezies jener Handwerker, die noch selbst Hüte herstellen. Europaweit veräußert der Großteil der Branche vornehmlich

Eine Seltenheit: Marco Laux ist Hutmacher mit eigener Herstellung.

eingekaufte Importware aus Asien. Das aufwendige Prozedere des Hut-Modellierens ist den meisten längst zu teuer geworden. Nicht so für Marco Laux. »Wir haben da eine Art Alleinstellungsmerkmal. Zu uns kommen auch Kunden aus Düsseldorf oder Paris. Es gibt ja nicht mehr viele, die so etwas handgemacht und nach dem Wunsch des Kunden kreieren«, sagt der Hutmachermeister. Nach wie vor seien die Klassiker gefragt. Der klassische Herrenhut, den man aus US-Filmen mit Humphrey Bogart kennt, Panama-, Charleston- oder Borsalinohüte, Topfhüte oder Strohhüte mit breiten Krempen. »Jeder Hut hat etwas mit der Persönlichkeit des Kunden zu tun. Da ist viel Individualität im Spiel. Beispielsweise gehen Menschen,

In das Geschäft in Luxemburg kommen auch Kunden aus Paris oder Düsseldorf.

die einen Hut aufhaben, ganz anders, man bekommt eine andere Statur. Frauen mutieren vom grauen Mäuschen schon mal zur Grande Dame. Ein Hut ist eben eine Skulptur für den Kopf«, weiß der Modist, wie der Beruf des Hutmachers heißt, aus langjähriger Erfahrung. Jeder individuell angefertigte Hut sei eine neue Herausforderung. »Es ist ein dreidimensionales Arbeiten mit Filz oder Seide. Man nimmt die ausgewählte Holzform und stülpt den Stumpen darüber, dann beginnt das klassische Modellieren und Ziehen. Das ist alles ganz traditionelle Handarbeit wie man es seit jeher kennt. Man modelliert die Linie und arbeitet dabei mit heißem Dampf«, erläutert der Geschäftsinhaber. Was für ein wichtiges Symbol die Kopfbedeckung im kulturellen Leben der Menschen darstelle, davon zeuge schon allein der Sprachgebrauch, so Laux. »Es gibt ja viele Beispiele dafür. Den Hut in den Ring werfen. Auf der Hut sein. Mir platzt gleich die Hutschnur. Hut ab! Oder: Eine Frau kommt unter die Haube, um nur einige zu nennen.« Allerdings, etwas Patina haben die Redewendungen wohl doch angesetzt. Umso erfreuter ist der Hutmacher darüber, dass auch die Jugend mittlerweile wieder Kopfbedeckungen aller Art für sich entdeckt hat. Mancher Hipster geht nicht mehr ohne, sei es Cap oder eine trendy Schiebermütze. Nicht nur der ältere, solvente Herr oder die Dame mit Stil – auch die von der Popkultur beeinflussten Heranwachsenden haben die Kopfbedeckung inzwischen für sich entdeckt. Musiker wie Jan Delay oder Roger Cicero machten es vor. »Natürlich produzieren wir die meisten Hüte nach wie vor für Hochzeiten, gesellschaftliche Anlässe, Beerdigungen, große Familienfeste, öffentliche Auftritte oder auch den Nationalfeiertag. Aber es stimmt schon, bei Jugendlichen ist es mittlerweile auch modern, Trilby oder Ballonmütze, zu tragen. Das ist natürlich ganz und gar nicht verkehrt«, freut sich

Laux. Von Etikette im klassischen Sinne hält der Gemütsmensch aus Luxemburg eher wenig. »Die Leute sollen tragen, was ihnen Spaß macht. Ich trage mal Hut, mal Mütze«, sagt der Fachmann. Und manchmal sei er eben auch oben ohne unterwegs. Selbst aus der Filmbranche hat der Hutmacher schon Aufträge bekommen, Hüte für die Darsteller einer bestimmten Epoche herzustellen. Laux kennt sich in der Kulturgeschichte seines Metiers bestens aus. Er meint beispielsweise zu wissen, wann es mit der Kopfbedeckung tatsächlich bergab ging. Zumindest als Massenphänomen. »Man sagt ja. Kennedy hat den Hut gekillt. Das war in den 1960er-Jahren. Er war der erste US-Präsident, der keinen Hut mehr getragen hat.« Aber so ganz bierernst nimmt der Hut-Spezialist aus dem Großherzogtum das dann doch nicht. Immerhin wollen auch heutzutage noch genug schicke Damen und Herren ihrer Erscheinung die besondere Note geben – und das ist letztlich unabhängig von Modetrends oder amerikanischen Präsidenten.

Eine Mitarbeiterin modelliert den Filz mit heißem Dampf.

Das Hutmachergeschäft Modes Nita von Marco Laux befindet sich in 13 rue Louvigny in der Luxemburger City. ☎ 00 352 / 22 49 95. Geöffnet ist das Geschäft montags von 14 bis 18 Uhr, ansonsten Dienstag bis Samstag von 10 bis18 Uhr. Neben den individuell geformten Hüten oder Kopfbedeckungen von der Stange in vielerlei Variationen gibt es auch die passende, stilvolle Handtasche oder beispielsweise Lederhandschuhe dazu.

16 Bisons grasen im Bitscher Land

Indianerbüffel sind Blickfang für Touristen im Osten Lothringens und liefern bestes Fleisch

Einem Wildwest-Film kommt die Kulisse schon sehr nah, wenn man die Farm von Robin Chall betritt. Hier, mitten in der Idylle des Bitscher Landes, hat der junge Landwirt rund 200 Bisons angesiedelt. Die Herde zählt zu den drei größten in ganz Frankreich. Während man heutzutage schottische Highland-Rinder oder Wasserbüffel aus Südostasien in vielen Ecken Frankreichs und Deutschlands sieht, wo sie zur Landschaftspflege eingesetzt werden, um einer Verbuschung der Landschaft entgegenzuwirken, versprühen die Wildrinder aus Nordamerika noch einen echten Hauch von Exotik. »Mich haben diese Tiere schon von klein auf fasziniert. Ihre Wildheit, ihre Ausstrahlung, ihre imposante Größe. Das ist nach wie vor sehr beeindruckend«, sagt der 27-Jährige. Seine Familie betreibt bereits seit 1876 Landwirtschaft in Petit-Réderching, das zwischen Bitche und Sarreguemines liegt. Auch Kühe hat die Familie nach wie vor. Die Bisons, die auf einer Fläche von rund 100 Hektar auf den sanften Hügeln in Lothringen grasen, waren die Geschäftsidee des Juniors, die er mit Begeisterung vorantrieb. Und mit Erfolg. Ungefähr 70 Kälber werden hier pro Jahr geboren, die Tiere fühlen sich offensichtlich wohl auf den Weiden Lothringens. Viele der Rinder stammen ursprünglich aus Zuchtbetrieben in Skandinavien, vornehmlich aus Schweden und Dänemark. Seit 2007 grasen die mächtigen Büffel bereits auf dem Hof von Robin Chall in Petit-Réderching. »Sie haben hier beste Voraussetzungen. Das Klima ist perfekt für sie und das Weideland ist ebenfalls sehr gut. Gras, Moos und Heu sind ihre Hauptmahlzeiten. Sie sind wesentlich kälteresistenter als herkömmliche Rinder und können

Jung-Rancher Robin Chall präsentiert Bisonterrine und Bisonwurst.

Die Büffel in den Weiten des hügeligen Bitscher Landes.

bis zu minus 40 Grad aushalten, auch wenn das hier bei uns in der Region natürlich nicht von Relevanz ist«, erläutert der Farmer aus Ostfrankreich. Das Fleisch der Tiere, die maximal 30 Jahre alt werden können, wird lokal im eigenen Hofladen vermarktet. Die Bisonfarm im Bitscher Land ist längst zu einem kleinen Touristenmagnet geworden. Besucher kommen neben Frankreich auch aus Belgien, Luxemburg und Deutschland. Vor Ort können sie Terrinen, Rillettes, Wurst, Steaks, Roastbeaf, Schinken oder Filet vom Bison erwerben. Geschlachtet wird entweder in Betrieben in Zweibrücken oder in Metz. Um die 20 Rinder werden pro Jahr verarbeitet. »Die Qualität des Bisonfleischs ist ganz besonders. Es ist sehr zart und hat wenig Fett, beinhaltet viel Eisen und wenig Cholesterin« erläutert der Jung-Unternehmer die Vorzüge der Rinderrasse, die einst die Nahrungsgrundlage der indigenen Völker Nordamerikas bildete. Entsprechend ist auch der Preis des hochwertigen Rindfleischs – quasi Bio-Fleisch vom lokalen Erzeuger – im oberen Segment angesiedelt. Aber vor allem laden die archaisch anmutenden Hornträger dazu ein, bei ihrem Anblick ein wenig die Seele baumeln zu lassen. Wenn man die friedlich grasende Herde in der grünen Landschaft des Bitscher Landes so betrachtet, hat das schon fast etwas Meditatives. »Sie strahlen Ruhe aus und haben doch zugleich diese mächtige Dominanz. Das ist schon sehr speziell«, so der Züchter, dessen Hof (Ferme du Grand Niedeck) etwas außerhalb des Dorfes liegt. Neben der Zucht und der Fleischproduktion ist eben auch der Tourismus mit den sanften Riesen mittlerweile ein wichtiger Faktor für den Betrieb geworden. So werden Führungen und Safaris angeboten, bei denen man viel über die Lebensweise der Indianerbüffel, wie sie einst genannt wurden, erfährt. Ende des 19. Jahrhunderts war der Paarhufer, der die Prärien Nordamerikas einst dominierte, so gut wie ausgestorben.

Es gibt auf dem Hof zudem Ferienhäuser, richtige Blockhütten. Sie sind so ausgerichtet, dass man ins Tal der Bisons blickt und die Herden in ihrem sozialen Verhalten beobachten kann. Wer es etwas ursprünglicher möchte, der darf auch im Tipi übernachten oder im Freien campen. Einmal im Jahr, immer Anfang Juli, gibt es zudem das »Tatanka-Festival«, ein Wildwest-Festival mit Rodeo und Country-Musik auf der Büffelranch. Dass die Tiere ihre Wildheit auch in den Weiten der französischen Provinz nicht verloren haben, weiß Robin Chall nur allzu gut. »Es haben schon einige Büffel versucht, über den Zaun zu springen. Der ist gut 1,80 Meter hoch. Wenn man das beobachtet, erkennt man die enorme Kraft dieser Tiere. Sie können trotz ihres großen Gewichts sehr schnell laufen und erreichen fast 50 Kilometer pro Stunde. Auch wenn der Sprung am Ende glücklicherweise nicht geglückt ist.« Mehr als 600 Kilogramm werden die Wiederkäuer schwer. Die Männchen weisen eine Körperlänge von bis zu 3,60 Meter auf. Bevor sich der Jungbauer 2007 konkret mit der Ansiedlung beschäftigt hat, hat er zunächst ein sechsmonatiges Praktikum bei einem Zuchtbetrieb in Belgien absolviert, um sich mit der Rasse näher vertraut zu machen. »Sie behalten ihre natürlichen Instinkte und ihre Wildheit. Die Tiere sind sehr individuell. Entscheidend ist, dass sie sich in ihrem Reservat wohl fühlen und so wenig Stress wie möglich haben«, erklärt Robin Chall, der sich gemeinsam mit seiner Lebensgefährtin um die Tiere kümmert. Im Übrigen: Mit den Kühen der Farm, die auf der gegenüberliegenden Weide grasen, vertragen sich die Büffel ganz hervorragend. Wildrind und Hausrind strafen sich gegenseitig schlicht mit völliger Missachtung.

In einem Tipi der Ranch kann man übernachten.

Die Bisonranch befindet sich in Petit-Réderching in der Nähe von Bitche. Das Dorf erreicht man über die D85. Die Farm ist innerhalb des Ortes sehr gut ausgeschildert (rue Judenhoff folgen). Die Adresse lautet: 2 Ferme du Grand Niedeck. Man kann im Hofladen Bisonfleisch kaufen und natürlich auf den Weiden die riesigen Büffel beobachten. ☎ 00 33 / 6 72 79 50 16. Mehr im Internet unter www.ranchdesbisons.com

17 Der Seifensieder aus dem Maghreb

Savonnier kreiert Seifen als Hommage an den Jugendstil von Nancy / Mehrfach prämierte Manufaktur aus Lothringen

Unweit des Parc de la Pépinière in Nancy betreibt Abdel Azzab seine kleine, aber feine Seifenmanufaktur Berga'Sens. Damit knüpft der 46-Jährige an eine alte Tradition an. Bereits um das Jahr 1600 existierte in der lothringischen Kapitale ein großer Betrieb, der sich der Seifenherstellung widmete. Zünfte der Savonniers gab es in Frankreich bereits im 14. Jahrhundert. Unter der Regentschaft Ludwigs XIV. wurden einst die besten Seifensieder Europas angeworben. Ab dem 16. und 17. Jahrhundert entstanden in ganz Frankreich zahlreiche Manufakturen. Mit dem Einsetzen der industriellen Herstellung im 19. Jahrhundert führte das Handwerk nur noch ein Nischendasein. Doch mittlerweile gibt es wieder viele kleine Seifensiedereien, deren Kundschaft die handgemachte Seife mit ihren besonderen Duftnoten zu schätzen weiß. Abdel Azzab konzentriert sich bei seiner Produktion ganz auf die Früchte, die für die Region stehen. »Bergamotte- oder Mirabellen-Seifen sind bei unseren Kunden sehr beliebt. Die sind fruchtig, sehr intensiv und belebend zugleich. Für die Haut ist das wie ein Kurzur-

Abdel Azzab sieht sich mit seinen Produkten als Botschafter Lothringens.

laub«, merkt der Firmenchef an. 2011 wurde der Familienbetrieb Berga`Sens unter anderem mit dem Preis für innovative Produkte von der örtlichen Industrie- und Handelskammer ausgezeichnet. Wichtig ist dem Mann mit Wurzeln im Maghreb zudem, dass die Produktion streng überprüft wird. »Auf Hygiene legen wir größten Wert. Unsere Manufaktur ist pharmazeutisch zertifiziert und wird regelmäßig kontrolliert«, erklärt der Mann, der sein Handwerk einst in Südfrankreich gelernt hat. Seine Seifen bestehen alle aus feinen Pflanzenölen wie Olivenöl oder Mandelöl. Diese werden mit einer Lauge versteift und mit besonderen Zutaten aromatisiert. Aus den gewonnen Seifenblöcken schneidet er dann die einzelnen Stücke heraus und lässt sie mehrere Wochen ruhen. Während dieser Reifezeit entwickelt sich schließlich die Milde und Schaumqualität in der Seife, während das Wasser verdunstet. Denn: Je trockener die Seife, desto ergiebiger ist sie. »Es ist einfach schön, dass dieses Handwerk heutzutage wieder geschätzt wird«, betont der Unternehmer.

Beeinflussen lässt er sich im Design seiner Seifen im Übrigen immer wieder vom berühmten Jugendstil der Stadt. Pavé de Nancy (also Pflasterstein von Nancy) heißt eine der Kreationen, die er seiner Heimatstadt widmete. »Ich habe ganz bewusst die würfelartige Form eines Steins aus Nancy gewählt. Die Essenzen meiner Produkte kommen von hier. Ich habe dieser Stadt sehr viel zu verdanken. Das ist meine Art etwas zurückzugeben«, meint der gebürtige Marokkaner. Pavé de Nancy ist aus ätherischen Ölen der Bergamotte hergestellt, hat eine leichte Zitrusnote und soll antiseptisch sowie beruhigend wirken. Die Seife wird auch in Apotheken vertrieben. Ferner nennt er eines seiner Produkte schlicht Lorraine – als Hommage an die Re-

Pavé de Nancy – Seife in Form eines Pflastersteins der Bistumsstadt.

gion. Oder: Majorelle. Damit ist die berühmte Art-Nouveau-Villa in der Nähe des Bahnhofs gemeint, die einst vom Kunstunternehmer Louis Majorelle zu einem echten Kleinod des Jugendstils ausgebaut wurde. Gleichzeitig spielt der Name auf den Jardin Majorelle in Marrakesch und den französischen Modeschöpfer Yves Saint Laurent an. Diese Seife besteht aus Arganöl, einem der wertvollsten Pflanzenöle der Erde, und wurde mit Orangenblüten aromatisiert. »Sie ist reich an Fettsäuren und Vitamin E und empfehlenswert gegen trockene Haut«, so Azzab. Seine neueste Kreation besteht aus kalt gepresstem Kirschkernöl von Bäumen bei Saint Nicolas de Port südöstlich von Nancy und soll den Teint revitalisieren. Der Seifensieder ist immer wieder auf Messen in ganz Frankreich unterwegs und sieht sich auch als eine Art Botschafter der einstigen Hauptstadt des Herzogtums Lothringen. Und da die Sehnsucht nach Individuellem und Nachhaltigem in Zeiten der Globalisierung offensichtlich stetig wächst, steigt auch die Nachfrage der Seifen-Kreationen der Manufaktur Berga'Sens. Und deren Schöpfer werden die Ideen für neue Kreationen mit Sicherheit nicht so schnell ausgehen.

Die Seifenmanufaktur Berga'Sens befindet sich in Nancy, 23 rue Claudot, im Zentrum von Nancy beim Parc de la Pépinière. Vom Place Stanislas rund 10 Gehminuten entfernt. Geöffnet zu den üblichen Ladenöffnungszeiten. ☎ 00 33 / 3 83 30 64 53. Internet: www.bergasens.fr. Doch nicht nur in seinem eigenen Ladenlokal werden die Seifen angeboten. Kosmetikgeschäfte in Toul oder Baccarat verkaufen Produkte von Berga'Sens, sowie einige Apotheken oder Hotels in Nancy.

18 Einstige gallo-römische Kultstätte

In den Vogesen wurde dem Heilgott Grannus gehuldigt / Amphitheater bot 17.000 Menschen Platz

Eindrucksvoll liegt es da, das Amphitheater von Grand in den Vogesen. Im 3. Jahrhundert zählte das halbkreisförmige Bauwerk zu den größten Kultstätten in Gallien. Die elliptische Arena bot rund 17.000 Menschen Platz, war 150 Meter lang und etwa 25 Meter hoch. Pilger verehrten in Grand die gallo-römische Gottheit

Auch Gladiatorenkämpfe fanden in dem Amphitheater in Grand statt.

Apollo Grannus, einen Heil- und Wassergott der Kelten. Während der gallo-römischen Epoche wurde das Dorf Grand – unweit von Neufchâteu – von einer rund 1,5 Kilometer langen Mauer umgeben. Die Römer entwickelten rund 70 nach Christus an der Stelle der keltischen Grannus-Verehrung ihr Heiligtum. Sie schlugen um den Quellteich einen Kreis von 440 Meter und erklärten die Fläche zum heiligen Bezirk. Die Gesamtfläche des Sektors betrug etwa 70 Hektar. Hinter der Anlage befanden sich zahlreiche Thermen sowie das Amphitheater. Der zentrale Komplex war in römischer Zeit der Tempel des Apollon. Die elliptische Arena war im Osten und Westen durch zwei große Korridore mit weiteren Gebäuden verbunden. Errichtet wurde das Amphitheater, das zum heiligen Bezirk zählte, im 2. Jahrhundert nach Christus. Die römischen Architekten bauten strikt entlang des Hangs. Die Ränge endeten an einer mit Bögen gestalteten Stützmauer. Drei Stützpfeiler sind bis heute noch erhalten. Auch blutige Spektakel wie Gladiatorenkämpfe fanden in dem römischen Theater statt. Zu den Besuchern von Grand soll Kaiser Caracalla gezählt haben. Während seiner Regierungszeit zu Beginn des 3. Jahrhunderts soll er drei Bezirke des Römischen Reichs aufgesucht haben, die für heilende Gottheiten und quellende Thermen bekannt gewesen waren – darunter auch das Heiligtum von Grand, das in römischer Zeit Andesina genannt wurde. Konstantin der Große soll auf einer Rückreise von Marseille in den Vogesen ebenfalls Halt gemacht haben, um dem außergewöhnlichen Heiligtum seine Ehre zu erweisen. Als Baumaterial für die großzügige Anlage benutzte man große Steinblöcke. Bereits im 4. Jahrhundert wurde das Theater jedoch aufgegeben. Es blieben nur noch Teile der Mantelmauern und Arkaden erhalten. Die Menschen nutzten die Kalksteinblöcke schließlich, um Häuser für ihr Dorf zu bauen. Ein Benediktinermönch hatte Mitte des 18. Jahrhundert in seinen Schriften auf die in die Erde gelassene Anlage aufmerksam gemacht. Bereits 1820 begannen erste Ausgrabungsarbeiten. 1883 entdeckte ein elsässischer Archäologe in der Basilika ein 232 Quadratmeter großes Mosaik, das als eines der größten seiner Zeit in Europa galt. Ende der 1960er-Jahre fand man bei Ausgrabungen Tierkreiszeichen-Tafeln aus Elfenbein, die auf einen orientalischen Einfluss hindeuten, der sich gegen Ende des zweiten Jahrhunderts in Gallien ausbreitete.

Überreste der Stützpfeiler.

Einst zählte die Kultstätte zu den größten in Gallien.

Bis zu den 1980er-Jahren wurden bei der Freilegung der historischen Stätte mehr als 55.000 Kubikmeter Erde entfernt. Rund 600.000 Schubkarrenladungen Erde waren dafür bei den Sanierungsarbeiten an dem Amphitheater in Lothringen nötig. Später wurden schließlich Zuschauertribünen hinzugefügt.

Hinweisschild auf das halbkreisförmige Amphitheater in den Vogesen.

Grand liegt in der Nähe von Neufchâteau in den Vogesen. Die Anfahrt ist von dort aus ausgeschildert (D71e/D19). Öffnungszeiten: 1. März bis 14. November. April bis September jeweils von 10 bis 12.30 Uhr und 13.30 bis 18.30 Uhr geöffnet. März, Oktober und November jeweils nur von 14 bis 17 Uhr geöffnet. Eintritt: 4 Euro, ermäßigt: 2,50 Euro. Kinder bis zu 12 Jahren haben freien Eintritt. Mehr Infos im Internet: www.culture.vosges.fr. Im Nachbardorf Domrémy-La-Pucelle befindet sich der Geburtsort von Jeanne d`Arc, bekanntlich Nationalheilige Frankreichs. Der Lothringer Freiheitskämpferin ist ein eindrucksvolles Museum gewidmet. Auch ihr Geburtshaus kann man dort besichtigen. Es gibt Doppeltickets für Grand/Domrémy (5 Euro).

19 Ritchie Blackmore im Großherzogtum

Luxemburger hat mehr als 600 E-Gitarren berühmter Rockmusiker gesammelt / Originale von Hendrix, Cream, Rainbow oder den Ramones

Halb Gitarre, halb Harfe. Henzig hat viele ungewöhnliche Gitarren.

Wohin man auch schaut – Gitarren, Gitarren und nochmals Gitarren. Luc Henzig besitzt rund 600 E-Gitarren, der Großteil von berühmten Rockmusikern. Damit besitzt der Luxemburger wohl die größte private E-Gitarren-Sammlung Europas. Eine Scheune seines Anwesens, das seit 400 Jahren in Familienbesitz ist, hat er zu einem regelrechten Tempel für die klassische Rockgitarre ausgebaut. Etliche seiner Instrumente waren bereits in Ausstellungen zu sehen, bei der »Generation Pop« in der Völklinger Hütte oder im Museum im niederländischen Groningen beispielsweise. »Das hier ist eine Gitarre von Ritchie Blackmore«, sagt der 54-Jährige und nimmt das Instrument des legendären Gitarristen in die Hand, der bei Deep Purple und Rainbow spielte. Henzig hat noch zwei weitere Gitarren des Ausnahme-Gitarristen. »Die hier ist von Billy Gibbons von ZZ Top.« Schon geht der Wirtschaftsprüfer einige Schritte weiter und hat kurz darauf eine Gitarre des als Gitarren-Gott gepriesenen Steve Vai in der Hand.

Wichtig ist dem Rockfan, dass die Gitarre auch von dem jeweiligen Musiker gespielt wurde. Mit Vintage-Sammlern, die ihre Gitarren wie Reliquien behandeln, hinter Vitrinen verstecken und wo jedes Instrument im Originalzustand sein muss, damit hat der Luxemburger nichts am Hut. »Wenn die Gitarre Spuren der Benutzung aufweist – kein Problem, darum geht es ja. Das ist Rock'n'Roll, keine tote Materie.« Und so darf man die Instrumente auch jederzeit in die Hand nehmen und wenn es das Können möglich macht, auch darauf spielen. Gegen eine zünftige Session hat der Mann, der in den 60er- und 70er-Jahren mit Prog- und Psychedelic Rock aufwuchs, nichts einzuwenden. »Früher habe ich Frank Laufen-

Luc Henzig mit einer Gitarre von Billy Gibbons (ZZ Top).

berg beim damaligen SWF gehört. Das hat mich musikalisch stark geprägt.« Soll heißen: Yes, Genesis, Pink Floyd, Led Zeppelin, Hendrix & Co. Natürlich besitzt er auch Tausende Vinylscheiben und CDs. »Meine erste Platte war von Genesis, The Lamb Lies Down on Broadway. Bands wie Soft Machine oder Gong fand ich großartig«, erinnert er sich an die wilde Zeit der Rockmusik zurück. Und schon hat der Sammler, der bis vor einigen Jahren hobbymäßig eine Radiosendung mit dem Namen »Rock Kultur« moderierte, wieder eine Gitarre in der Hand. Dieses Mal eine Akustik-Gitarre von Mr. Guitar himself, Jimi Hendrix. Auch besitzt er den Originalbass von Jack Bruce von der Band Cream. Diese Liste ließe sich beliebig verlängern. Viele seiner Objekte bekommt er über einen Gitarrenhändler in Las Vegas oder über die Bands selbst. Der Luxemburger hat längst beste Kontakte in die Welt der Rockmusik, die bekanntlich im Online-Zeitalter neue Wege suchen muss, um sich zu finanzieren. So wie John Watts, Frontmann der großartigen New-Wave-Band Fischer-Z, der mit Red Skies over Paradise ein absoluter Klassiker gelang. Hits wie Berlin, Marliese oder Battalions of Strangers hat wohl jeder im Ohr, der in den Achtzigern aufwuchs. Den Mann mit der Falsettstimme traf Henzig vor einigen Jahren in Brighton. Es ging darum, die neue Platte von Watts zu produzieren – wie gesagt, die rosigen Zeiten der Rock-Industrie und großer Budgets sind vorbei. Er beteiligte sich am Crowdfunding-Projekt des Briten und erhielt als Dank eine Art Poetry-Book, in dem Watts die Lyrics seiner Songs eigenhändig eintrug – und seinen Bass. Ähnlich ging der Luxemburger bei der Prog-Rock-Band Wishbone Ash vor, bekanntlich die Erfinder des Twin-Guitar-Sounds. Auch ihnen half er bei der Produktion einer neuen CD und erhielt als Dank ein Instrument. Viele Musiker oder Gitarrenhändler sind mittlerweile gute Bekannte. Arlen Roth, der bereits mit Simon & Garfunkel gespielt hat, zählt unter anderem dazu. Mehrmals im Jahr fliegt Henzig in die USA, trifft sich mit Musikern und Herstellern. »Ich schätze besonders Gitarren, die für einen Künstler speziell angefertigt wurden. Das sind Unikate. Jede Gitarre hat einen etwas anderen Sound, eine andere Klangfarbe. Ich finde das nach wie vor faszinierend.« In dem Meer von Gitarren ragt ein altertümlich anmutender Bass hervor. Von wem der ist? Stray Cats, lautet die lapidare Antwort. Okay, auf diesem Bass wurden also 80er-Jahre-Indie-Hits wie Rumble in Brigthon oder Stray Cat Strut der Rockabillyband um Brian Setzer gezupft. Einige Meter weiter steht eine Gitarre der legendären Ramones, bekanntlich die Erfinder des Punkrocks US-amerikanischer Prägung. Der 54-Jährige ist auch an der technischen Entwicklung und der handwerklichen Seite der Gitarre interessiert. 1950 ging die erste richtige E-Gitarre in Serienreife, die Fender Broadcaster. Nur zwei Jahre später wurde die Gibson Les Paul entwickelt. Seither sind Fender und Gibson Les Paul die beiden großen Hersteller am US-Markt. Bereits in den 30er-Jahren hatte der US-Schweizer Rickenbacher eine elektrisch verstärkte Gitarre auf den Markt gebracht, eine so genannte Frying Pan (Bratpfanne). Natürlich hat der Luxemburger auch eine Frying Pan in seiner Kollektion. Bekanntlich schworen die Beatles in den Roaring Sixties auf Rickenbacher-Gitarren. Sein ältestes Instrument stammt aus dem

Zahlreiche Gitarren befinden sich in der restaurierten Scheune.

Aus den Gitarren lugt der Bass der Rockabillyband Stray Cats hervor.

Jahr 1890. Er hat auch eine Gitarre in seiner Sammlung, die halb Harfe, halb Gitarre ist. Wer sich nur halbwegs für Rock-Historie, sein Instrumentarium und die dazugehörigen Anekdoten interessiert, kann Stunden in dem geschmackvoll eingerichteten Privatmuseum in dem historischen Gemäuer verbringen. Henzig hat zu jedem Instrument eine Geschichte parat. Beispielsweise diese: Er besitzt eine Gitarre, die in den 60er-Jahren in einem Gefängnis in Texas gebaut wurde – heimlich von einem Insassen. Wie das ging? Woher er das Material hatte? Warum es nicht aufflog? »Das ist es ja. Das weiß bis heute keiner«, meint er schulterzuckend. Eine Frage wäre noch zu klären. Spielt der Sammler auch selbst Gitarre? »Nein, ich habe früher Akkordeon gespielt, auch mal Gitarre probiert, aber nie so richtig gespielt.«

Rock-Tempel: Jimmy-Page-Gemälde und das Schlagzeug von Lynyrd Skynyrd.

Neben den E-Gitarren, gibt es auch sonst noch allerhand Accessoires, die sich mit Popkultur befassen. An der Wand hängt die Original-Platin-Platte von Billy Squier. Der hatte 1981 mit The Stroke einen Riesenhit. Beeindruckende Pop-Kunstwerke in übergroßem Format des Kölner Künstlers Oliver Jordan zieren die Wände der behutsam restaurierten Scheune. Darauf ist unter anderem zu sehen – natürlich – Jimmy Page, Zauberer an der Gitarre von Led Zeppelin. Davor thront ein Schlagzeug. Aber das hat er sich dann nur mal eben so zugelegt? »Nein, nein, das ist das Original-Schlagzeug von Lynyrd Skynyrd«, sagt der Finanzfachmann mit Rockmusik-Faible ungerührt und schon hört man imaginär die Südstaaten-Hymne Sweet Home Alabama durch den Gutshof in der luxemburgischen Provinz flirren.

Das private Museum von Luc Henzig befindet sich auf dem Areal eines alten Bauernhofs in Abweiler (einem Ortsteil von Bettemburg). Die Ortschaft befindet sich auf halber Strecke von Esch-sur-Alzette und Luxemburg-Stadt. In dem Museum sind private (Gruppen-) Führungen möglich, allerdings nur nach telefonischer Anmeldung. Die Besuchszeiten sind individuell und sollten vorher vereinbart werden (Luc Henzig spricht deutsch). ☎ 00 352 / 6 21 30 63 66. Internet: www.tuneyoursound.com

20 Exotische Tierwelt in grüner Oase

Der Zoo von Amnéville zählt zu den schönsten Tierparks Frankreichs / Weiße Tiger und Gorillas nördlich von Metz zu bestaunen

Wer einmal exotischere Tiere als in städtischen Zoos in Deutschland erleben möchte, der ist im Zoo von Amnéville nördlich von Metz goldrichtig. Hier tummeln sich weiße Tiger und Löwen, Gorillas, Orang-Utans oder die seltenen Blutbrustpaviane. Gegründet wurde die Einrichtung von Michel Louis 1986 – bis heute kommt der privat geführte Zoo ohne jegliche Subventionen aus. Ein Umstand, auf den Louis außerordentlich stolz ist. »Das hat den Vorteil, dass uns niemand in unser Konzept hineinreden kann. Wir möchten die außergewöhnliche Vielfalt der Tiere auf dieser Erde zeigen. Das ist unsere Ambition«, sagt der 59-Jährige, der sich mit der Einrichtung eigenen Worten nach einen Kindheitstraum verwirklicht hat. Sein Konzept scheint schon seit vielen Jahren aufzugehen. Rund 600.000 Menschen besuchen den Zoo von Amnéville jährlich. Viele kommen neben Frankreich aus Luxemburg, Belgien oder dem deutschen Südwesten. Denn die Einrichtung liegt strategisch günstig in der Region SaarLorLux. Eines fällt bei einem Besuch sofort auf. Der Tierpark unterscheidet sich deutlich von den bekannten Zoos in Deutschland. Mit seinen Hütten, dem vielen Buschwerk und Bambusplantagen wirkt er eher wie »Klein-Afrika« als eine vergleichbare Einrichtung in Deutschland. Eher eine grüne Oase – offensichtliche Gitterstäbe sucht man vergebens. Die Schutzvorrichtungen sind in die Umgebung integriert. Der Zoo von Amnéville mit einer Fläche von 17 Hektar und rund 2000 Tieren aus fünf verschiedenen Kontinenten zählt zu den drei bedeutendsten Tierparks in Frankreich. »Uns ist es wichtig, seltenen Tierarten Raum zu geben. Für viele vom Aussterben bedrohte Tierarten ist dies die letzte Überlebenshoffnung. Wir haben zahlreiche Geburten jedes Jahr zu verzeichnen, was Beleg für den guten Gesundheitszustand der Tiere und die Pflegequalität

Ein Gorilla-Männchen im Artenschutzprogramm der Einrichtung.

ist«, sagt der studierte Zoologe. 2014 kamen hier beispielsweise Wolfswelpen, Kängurus, Bisons oder Lamas zur Welt. Zu den Highlights für die Besucher zählt zweifellos die Gorilla-Gruppe. Einer der Silberrücken weist eine Körperlänge von zwei Metern und ein Gewicht von 220 Kilogramm auf. »Das sind einfach faszinierende Tiere. Deren Lebensraum in Kamerun oder im Kongo wird stark durch Wilderei, Kriege oder die Rodung von Wäldern eingeschränkt«, erläutert Michel Louis. Die Gorillas sind Teil des Europäischen Erhaltungszuchtprogramms für bedrohte Tierarten. Sie kommen aus den Zoos in Barcelona und Tel Aviv. 2012 rief der Zoo in Lothringen ein eigenes Erhaltungsprogramm zum Schutz der imposanten Tiere ins Leben. Ebenso zu den Hinguckern zählen die weißen Löwen. Sie stammen aus einem Reservat in der Nähe des Krüger-Nationalparks. Es handelt sich nicht um eine eigene Rasse, sondern um genetisch veränderte Löwen Südafrikas. »Die Zulus sahen ihn als heiliges Tier, als Bote der Götter. Mit seinen eisblauen Augen ist er fast schon ein Wunder der Natur«, erfreut sich der Zoodirektor nach wie vor täglich an den weißen Tigern ebenso wie an den weißen Löwen. Die Tiervielfalt auf dem Areal nördlich von Metz ist immens: Großer Ameisenbär, Polarwolf, Zwergseidenäffchen, Braunbär, Leopard, Feldhamster, Weißkopfseeadler, Zwergflamingo… es gibt etliches zu bestaunen.

Neben dem Natur- und Tierschutz liegt Louis auch die Pädagogik

Aufwendige Falkner-Shows mit Greifvögeln gibt es täglich.

Familiäre Szene: Ein Orang-Utan mit seinem Jungen im Zoo von Amnéville.

am Herzen. Rund 40.000 Schüler besuchen den Tiergarten jedes Jahr. »Wo, wenn nicht im Zoo, kann man Kinder für die Tierwelt sensibilisieren«, ist sich der Zoo-Chef sicher. Viel Wert wird auch auf Animation und Shows gelegt. So gibt es zu festen Uhrzeiten eine aufwendige Falkner-Vorstellung mit Greifvögeln zu sehen – auch Ritter und Reiter sind zum Film-Soundtrack von »Herr der Ringe« in spektakulärer Manier im Einsatz. Beliebt sind auch das Aquarium und die »Bucht der Seelöwen«. Und die Ideen gehen dem Macher und seinem rund 200-köpfigen Team so schnell nicht aus. Im April 2015 wurde die Anlage um die zwei Hektar große »Tigerwelt« erweitert.

Der Zoo befindet sich rund 20 Kilometer nördlich von Metz in dem kleinen Ort Amnéville (über die A30/E25, bei Rombas). In der Region ist der Tierpark gut ausgeschildert. Eintritt: Kinder unter 3 Jahren: gratis, 3 bis 11 Jahre: 27 Euro, ab 12 Jahre: 33 Euro. Es gibt auch Gruppentarife. Die Preise sind bei der privaten Einrichtung naturgemäß deutlich höher als in städtischen Zoos hierzulande. Der Zoo hat das ganz Jahr über geöffnet (im Sommer jeweils von 9.30 bis 19.30 Uhr, an Feiertagen und sonntags bis 20 Uhr). Positiv ist, dass man für die Parkplätze nichts extra berappen muss. Allerdings sind alle Infotafeln ausschließlich auf Französisch beschriftet.

21 Zeitreise ins Land der Puppen

In Étain schlagen Kinderherzen höher / Letzte Puppenmanufaktur Frankreichs hatte ihre Blütezeit zwischen den Weltkriegen

Glückliche Kindergesichter sind in Étain westlich von Metz wohl eher die Regel als die Ausnahme. Denn in der Puppenfabrik Petitcollin werden seit Ende des 19. Jahrhunderts manuell Figuren hergestellt, die bei kleinen Mädchen oder bei Sammlern die Herzen höherschlagen lassen. Die Manufaktur ist die letzte Fabrik ihrer Art in Frankreich, welche Puppen noch per Hand herstellt, und sehr wahrscheinlich eine der ältesten Spielwarenfabriken der Welt, die durchgehend am Markt existiert. Es hat zweifellos etwas von einer Zeitreise, wenn man die etwas in die Jahre gekommene Fabrik im Département Meuse besucht. Die Manufaktur wurde 1860 von Nicolas Petitcollin und seinem Neffen Gustave gegründet. Zunächst stellte man Kämme und Friseurartikel her und war auf Kunststoffe wie Zelluloid spezialisiert. Einige Jahrzehnte später begann der Umstieg auf die Spielzeugproduktion. Ihre Blütezeit hatte die Fabrik während der beiden Weltkriege. Zwischen 1925 und 1945 war Petitcollin europäischer Marktführer in Sachen Puppenproduktion. Die Figuren aus Zelluloid fanden Absatz in ganz Europa und den französischen Überseegebieten. Speziell Folklore-Puppen mit regionalen Trachten waren beliebt. Nach dem Zweiten Weltkrieg

Mitarbeiterin Linda Bréda zieht den Puppen ihre Kleidung an.

versuchte sich Petitcollin in neuen Kunststoffen und entwickelte technische Verfahren und Montagesysteme. Puppen aus Zelluloid waren fortan Geschichte. Deren Herstellung wurde in den 1950er-Jahren wegen der hohen Brandgefahr (Zelluloid ist leicht entzündlich) verboten. Der Abschied von dem vertrauten Material schwächte die Firma erheblich, der Umsatz ging in den Keller. Ende der 1970er-Jahre schließlich stand Petitcollin vor dem Aus. Die Konkurrenz aus Asien mit billig hergestellten Puppen und neu aufkommende, große Spielzeug-Supermärkte zwangen die Traditionsmanufaktur fast in die Knie. Angestellte und Händler kauften schließlich Teile der Muttergesellschaft und bewahrten das Unternehmen so vor dem Exitus. In den 1980er-Jahren wiederholte sich das gleiche Spiel. 1995 entstand schließlich die Umfirmierung in Jouets Petitcollin. Das Unternehmen war fortan eine Filiale des traditionsreichen Holzspielzeugherstellers Vilac (gegründet 1911) aus dem französischen Jura und steht seitdem wieder auf sicheren Füßen.

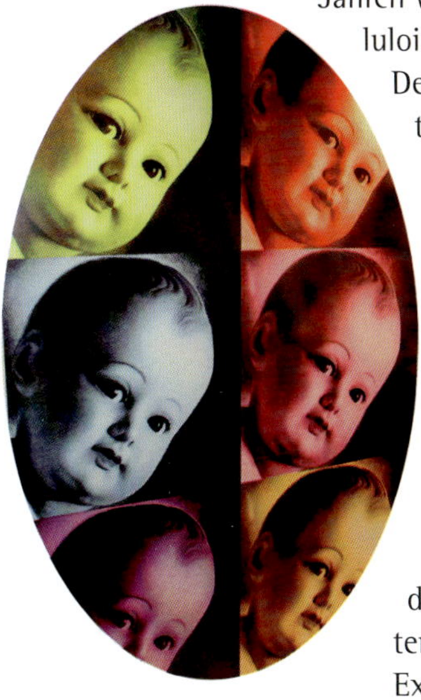

Puppenland. Dieses Plakat könnte auch als Warhols Pop-Art durchgehen.

Heute stellt das Unternehmen, das in der Produktion mit erstaunlich wenig Mitarbeitern (insgesamt fünf Personen) auskommt, rund 30.000 Puppen pro Jahr her. Vornehmlich aus Polyethylen und Vinyl sind die kleinen Kunstwerke mit den großen Augen. Die Aufgabe von Linda Bréda ist es, die Puppen anzuziehen und für die Haarpracht zu sorgen, die aus Nylon besteht. »Klar, der Job ist Routine. Aber es macht doch Spaß, wenn man an die Kinder denkt, welche die Puppen mal in den Händen halten werden. Und Friseurin zu spielen, wenn auch an einer Miniaturpuppe, macht doch eigentlich jeder Frau Spaß«, meint die Frau mit den blonden Haaren. Einige Schritte weiter in der Produktionshalle sitzt Beatrice Caiffard. Sie lackiert allen Püppchen akkurat die Fußnägel. Eine ruhige Hand brauche man dafür schon, sagt die Lothringerin. Aber an und für sich sei das kein Problem. In der Manufaktur sieht man die Schilder, auf denen man die Schritte sieht, wie die Puppengesichter nach und nach ihr Make-up erhalten. Zuerst die Augen, dann der Mund und schließlich erhält die Haarpracht via Spray ihre Kolorierung. Für den Maschinenpark der durchweg altertümlich wirkenden Maschinen ist der einzige Mann in der Produktion zuständig. Er schüttet Granulat in eine Maschine, dort wird das Material erhitzt und schon nach kurzer Zeit schält er diverse Körperteile aus Polyethylen aus der Form. Die kleinste Puppe, die aus dem Petitcollin-Universum stammt, ist gerade mal sechs Zentimeter hoch, die größte misst rund 60 Zentimeter. »Es gibt sogar eine Frauenzeitschrift mit dem Namen Modes et Travaux, die eine Extraseite mit Strickmustern für Puppenkleidung hat. Die Zeitschrift wurde 1951 gegründet. Mehr als 60 Jahre später werden immer noch nach diesen Mustern Modelle hergestellt. Es gibt ganz verschiedene Puppenmodelle. Einfache sowie Luxusvarianten, die aufwendiger produziert werden«, erläutert Lucie Maliverney, die aus Longuyon unweit der belgischen Grenze stammt und durch die Fabrik führt. In der Boutique, die sich Fabrik und Museum anschließt, wird ein rosa Mädchentraum wahr. Komplett unterschiedliche Figuren mit großen Augen – mal modern, mal Figuren aus der Märchenwelt der Gebrüder Grimm – warten darauf von Kindern zum Leben erweckt zu werden.

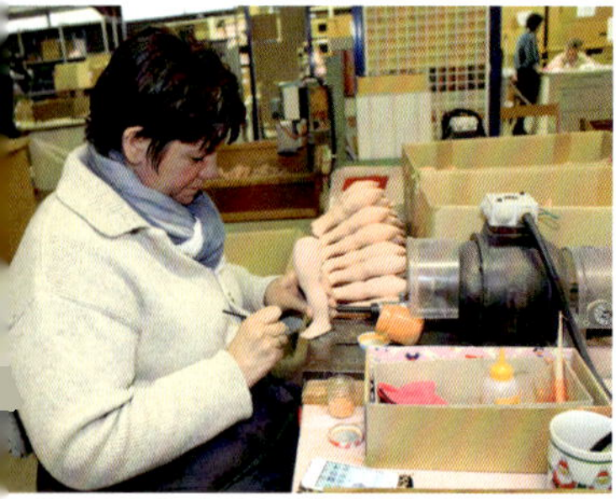
Hier werden akribisch die Fußnägel lackiert.

Die Puppenfabrik Petitcollin befindet sich in Étain westlich von Metz an der D603 (rue des Casernes). Man kann eine Gruppenführung durch die Fabrik buchen und/oder das Museum und die Boutique besuchen. Boutique/Museum befinden sich im Centre culturel et touristique (rue des Casernes/quartier de la gare) rund 200 Meter von der Fabrik entfernt. Ticket für Museum/Fabrik: Erwachsene: 6 Euro, ermäßigt: 4 Euro, Kinder unter sechs Jahren: gratis. Die geführten Besuche finden das ganze Jahr über jeweils um 14.30 Uhr statt (Februar bis März: mittwochs; April bis Juni: dienstags, mittwochs, freitags; Juli bis August: dienstags, mittwochs, donnerstags, freitags; September bis Oktober: mittwochs und freitags). Die Führung dauert eineinhalb Stunden und ist auf Französisch, gegebenenfalls auf Nachfrage auf Englisch. Das Museum hat zu Jahresbeginn und -ende Mittwoch bis Samstag von 14 bis 17 Uhr geöffnet. Im Sommer Mittwoch bis Samstag von 10 bis 12 Uhr und von 14 bis 18 Uhr, Sonntag von 14.30 bis 18 Uhr. Internet: www.petitcollin.com

22 Freigeist an der Töpferscheibe

Viviane Laufer hat sich dem archaischen Brennverfahren und der Raku-Keramik verschrieben

Soufflenheim und Betschdorf gelten als die Töpfer-Dörfer im Elsass. Aber nicht weit davon entfernt, in Lothringen, wird ebenfalls fleißig Ton gebrannt. In Philippsbourg im östlichen Zipfel des Départements Moselle sitzt Vivianne Laufer an der Töpferscheibe. Allerdings: Mit traditionellen Motiven wie dem im Nordelsass obligatorischen Storch, Szenen aus dem bäuerlichen Leben oder floralen Mustern hat Viviane Laufer eher weniger am Hut. Die Frau aus Philippsbourg ist eher eine Art Freigeist an der Töpferscheibe. „Ich lasse mich von allem möglichen inspirieren. Von der Natur, von Gesprächen, von Farben. Man muss ja nur mit offenen Augen durch die Welt gehen, dann entdeckt man so vieles. Jedes Mal, wenn ich an der Drehscheibe sitze, ist das wie ein Neuanfang. Wenn der Ton hochgeht und etwas entsteht, das ist Magie pur“, sagt die eloquente Französin, die vor ihrer Zeit als Keramik-Arbeiterin die Welt erkundete und in der Schweiz sowie England in der Gastronomie arbeitete. Seit fast 20 Jahren betreibt sie nun bereits ihre La Petite Poterie du Herisson (Kleine Igeltöpferei) in einem Häuschen aus dem Jahr 1896 vor den Toren Philippsbourgs. Schüsseln, Geschirr, Vasen, Kerzenständer, Krüge, Teeschalen, Kaffeetassen, klei-

Viviane Laufer in ihrem Atelier an der Route de Bitche.

Die Töpferin bearbeitet Glasperlen mit dem Bunsenbrenner.

ne Figuren wie Engel und allerlei weitere Gebrauchsgegenstände für Haus und Herd kreiert die findige Töpferin. In der Regel wird der Ton nach der Verarbeitung neun Stunden bei 1250 Grad gebrannt, danach die Glasur aufgetragen. Die Töpferin hat im Schuppen diverse Öfen. Am liebsten entzündet sie jedoch das Feuer im sogenannten Tonnenbrand im Freien. »Das nennt man archaisches Brennverfahren. Der Brennprozess ist einfach anders, das Ergebnis authentischer. Das Feuer hinterlässt ganz andere Spuren als beim herkömmlichen Brand im Ofen. Ich mag das sehr.« Experimenten gegenüber ist die Künstlerin ohnehin sehr aufgeschlossen. Gerade in Asien sei der offene Brand bei der Herstellung der Raku-Keramik weit verbreitet. Dabei wird das Gefäß – entgegen dem herkömmlichen Verfahren Keramik zu brennen (langsames Abkühlen im geschlossenen Ofen) – wegen der starken Rauchentwicklung meist im Freien gebrannt. Bei dem Niedrigbrand werden die rot glühenden Gefäße einzeln mit einer langen Zange bei Temperaturen um 1000 Grad dem Ofen entnommen und in einem Behälter mit organischem Brennstoff (Laub, Stroh, Sägemehl, Heu) luftdicht eingebettet. Raku-Keramik ist oft relativ dickwandig, damit sie beim Wechsel vom Ofen zum Behälter nicht zu viel Hitze verliert. Der entstehende Rauch, der Sauerstoffentzug sowie die

Kaffeekanne made in Phillippsbourg.

im Laub enthaltenen Mineralien wirken auf die Tonscherben und die Glasurfarbe ein. Blatt- oder Sägemehlabdrücke verewigen sich dabei oft in der noch weichen Glasur. Die chemische Zusammensetzung verändert sich zudem teilweise. Kupferoxid (grün) wird zu Kupfer (rot). Der Kohlenstoff dringt durch Haarrisse und lagert sich im Ton ein, was oft bizarre Muster hinterlässt. Der Brennverlauf lässt sich beim Raku nur bedingt steuern, sodass jedes Stück ein echtes Unikat ist.

Einstieg in die Welt der Künstlerin.

Auch mit Glas arbeitet Viviane Laufer gerne. So entstehen am Bunsenbrenner Perlen für Ketten oder Accessoires, die sie ebenfalls in ihrem kleinen Atelier direkt an der Hauptstraße von Bitche nach Philippsbourg feilbietet. »Ich liebe es, mit Ton oder Glas zu arbeiten. Außerdem schaffe ich gerne mit den Händen etwas. Jeder Prozess ist aufs Neue spannend. Ganz abgesehen von dem meditativen Aspekt. Beim Brennen könnte ich stundenlang in die Flammen schauen und dabei gestalterisch tätig sein«, sagt die Kreative aus Ost-Lothringen. Der Renner bei ihren Utensilien ist eine kleine Serie von schottischen Hochlandrindern in Tonform. Die sieht man im Übrigen nur einige Kilometer weit entfernt im Wasgau grasen. Dort holte sich die Künstlerin auch die Inspiration für ihre Highland-Kollektion.

Das Atelier von Viviane Laufer befindet sich in Philippsbourg, 35 route de Bitche. Wie der Name schon sagt, handelt es sich dabei um die Hauptverbindungsstraße (D662) von Bitche nach Philippsbourg am östlichsten Zipfel von Lothringen. ☎ 00 33 / 3 87 06 55 06 (die Künstlerin spricht sehr gut deutsch). Atelier und Verkaufsladen haben von Anfang März bis Ende Dezember täglich von 13.30 bis 18 Uhr geöffnet. Nur einige Hundert Meter weiter in der gleichen Straße hat zudem die Saboterie Petrazoller (4 route de Bitche, www.saboteriepetrazoller.kingshop.com) ihren Sitz. Hier kann man einem Holzschuhmacher bei der Arbeit über die Schulter schauen. Da fliegen die Spänne, dass es eine wahre Pracht ist. Auch hier lohnt sich ein Besuch bei dem alten Handwerksmeister.

23 Stutenmilch aus den Nordvogesen

Bio-Produkt als uraltes Heilmittel / Farmbetrieb hält Haflinger in Volmunster

Keine Frage, Dominique Vogel liebt ihre Tiere. Die Frau, die ursprünglich aus Paris stammt, betreibt mit ihrem Mann Patrick die erste Bio-Stutenmilch-Farm Frankreichs im beschaulichen Volmunster in den Nordvogesen. Zärtlich tätschelt sie ihre Haflinger im Stall der Domanie de la Voie Lactée (übersetzt: Milchstraße) und redet sanft auf sie ein. Das Paar besitzt in der ländlichen Idylle des Bitscher Landes rund 150 Pferde, davon 40 Stuten. Sie geben die Milch ab, die schon seit der Antike als Heilmittel gilt. Sie stärkt das Immunsystem und die Abwehrkräfte. Vor allem bei Menschen mit Stoffwechselstörungen, bei Magen- und Darmproblemen sowie Entzündungen wird sie immer wieder gezielt eingesetzt. »Das ist eben eine rundherum biologische Essenz, die vornehmlich gesundheitlich angeschlagene Menschen unterstützt. So ein Naturprodukt mit Hilfe unserer Pferde zu produzieren, freut mich einfach ungemein«, erklärt Dominique Vogel. Die Lothringer Stutenmilch ist beispielsweise in Apotheken in Metz, Straßburg, Saargemünd, Lille oder Paris erhältlich. Ein Großteil ihrer Produkte verkauft das Paar jedoch über das farmeigene Geschäft oder über das Internet. Die Kundschaft kommt aus Frankreich, Belgien, Deutschland und der Schweiz. Neben Milch werden auch Seifen, Antifalten-Cremes, Tagescremes oder Shampoos produziert. Lebensmittel wie Joghurt oder Käse herzustellen ist dagegen mit Stutenmilch nicht möglich, da sie nicht so fetthaltig wie Kuhmilch ist.

Inniglich: Dominque Vogel und ihre Haflinger Stuten.

Im Frühjahr kommen die Fohlen auf der Farm zur Welt, im Juli und August beginnt die Melksaison. Nur die letzten fünf bis sechs Wochen in denen die Stute Milch gibt, werden dazu genutzt. Denn schließlich sollen zunächst die Fohlen zu ihrem Recht auf Muttermilch kommen und gestärkt werden. Anschließend wird mehrmals am Tag gemolken und die gesamte Familie – auch Sohn und Tochter – helfen dann im Familienbetrieb bei dem aufwendigen Prozedere mit. Rund vier bis fünf Liter gibt eine Stute pro Tag ab. 2014 wurden so insgesamt rund 4000 Liter in dem ungewöhnlichen landwirtschaftlichen Betrieb im Département Moselle erzielt. Wichtig ist Dominique Vogel der Umstand, dass die Milch nicht erhitzt und pasteurisiert wird, sondern direkt bei minus 45 Grad schockgefrostet wird. Ein großer Teil wird in Beutel abgefüllt, der andere Teil geht in die Normandie, wo daraus Seifen, Shampoo oder Cremes hergestellt werden. Zertifiziert ist die Farm mit diversen Öko-Labels und wird außerdem regelmäßig vom Labor der Gesundheitsbehörde kontrolliert. Bereits seit 1989 existiert die Stutenfarm am Rande von Volmunster gleich hinter der Grenze von Zweibrücken. Eigentlich könnten die Betreiber weiter wachsen, denn Bioprodukte werden heutzutage bekanntlich gut nachgefragt. »Aber das wollen wir ja gerade nicht. Wir möchten es so halten, wie es ist. Ein kleiner, überschaubarer, familienorientierter Betrieb. Gerade Expansion, Großbetrieb und Industrialisierung wollen wir nicht. Da sind wir das Gegenmodell«, erklärt die Biopionierin in Sachen Stutenmilch, die sich auch mit der anthroposophischen Lehre Rudolf Steiners befasst hat. Die Pariserin ist im Übrigen schon von klein auf eine echte Pferdenärrin und passionierte Reiterin, ritt in der französischen Hauptstadt einst Turniere. An ihren Haflingern mit der goldblonden Mähne schätzt sie besonders das ausgeglichene Wesen und ihr ruhiges Temperament. »Sie sind einfach außergewöhnlich und so freundlich und dankbar. Der tägliche Umgang mit ihnen ist das reine Glück. Ich kann mir kaum etwas Schöneres vorstellen«, sagt die Frau, die die Rösser mit Heu aus den eigenen Feldern des Biosphärenreservats Nordvogesen versorgt.

Neben Milch werden auch Cremes oder, wie hier zu sehen, Seifen aus der Stutenmilch hergestellt.

Stolz auf die Bio-Stutenmilch, die als uraltes Heilmittel gilt: Farmbetreiberin Dominique Vogel.

Im Sommer sind die Tiere auf der Weide, im Winter geht es abends in den Stall. Positive Rückmeldung über das Nahrungsmittel erhält sie immer wieder von Ärzten, Krankenschwestern, Heilpraktikern und Patienten. Gerade bei Menschen mit einer Krebserkrankung und jenen, die chemotherapeutisch behandelt werden, wirke die Milch unterstützend und aufbauend. Auch Menschen mit Neurodermitis nutzen oft das Produkt, das einen hohen Gehalt an Eiweißen, Vitaminen und mehrfach ungesättigten Fettsäuren sowie eine nahe Verwandtschaft zur menschlichen Muttermilch aufweist. Allerdings hat die biodynamisch hergestellte Stutenmilch als Pulver, in Kapseln oder flüssig in einem Beutel auch ihren Preis und setzt ein entsprechendes Portemonnaie voraus. Die Pferdezüchterin stellt jedoch fest, dass immer mehr Menschen auf Prävention setzen, um ihre Abwehrkräfte zu stärken oder um auf den Stoffwechsel positive Effekte zu erzielen. »Ich finde es wichtig, so ein altes Heilmittel wieder stärker in den Fokus zu rücken. Wir wollen ja alle weg von der Chemie. Dies ist ein Weg, sicherlich in sehr begrenztem Rahmen. Ich empfinde es jedoch als sehr befriedigend, wenn man ein klein wenig sein Scherflein dazu beitragen kann. Denn die Natur ist meines Erachtens immer noch unser bester Lehrmeister«, betont die Frau aus der französischen Hauptstadt, die ihr Glück in der lothringischen Provinz gefunden hat.

Der Hof befindet sich in der rue de la Forêt in Eschviller, einem Ortsteil von Volmunster (über die D35a). Man fährt durch das ganze Dorf, denn das Landgut befindet sich etwas außerhalb. Es gibt dort einen Hofladen. Erstehen kann man die Produkte auch über das Internet oder in ausgewählten Apotheken in Ostfrankreich. ☎ 00 33 / 3 87 96 77 37, Internet: www.jumvoilac.com. In Volmunster bietet sich auch ein Besuch der Eschviller Mühle an. Im Herzen des Naturparks Nordvogesen vermittelt das Museum Eschviller Mühle anschaulich den Mühlenalltag vergangener Tage. Anhand konkreter Vorführungen und der Ausstellung alter Werkzeuge werden sämtliche Schritte der Mehlherstellung gezeigt. Weiterhin gibt es den Rundgang »Kreislauf des Wassers«, den Natur- und Kulturlehrpfad, Robustrinder und den Bienenlehrstand zu erkunden.

24 Ein Leben für das »schwarze Gold«

Pierre Delhalt betreibt CD Buttek in der Luxemburger City / Plattenladen wird auch »Tempel der Musik« genannt

Wohin man auch schaut – Vinyl und CDs ohne Ende. Der Laden von Pierre Delhalt in der Luxemburger City ist eine wahre Pilgerstätte für Musikfans. Bereits seit 1979 existiert das kleine Geschäft, in dem sich auf wenigen Quadratmetern alles rund um die kleinen Scheiben dreht. Der jung gebliebene 64-Jährige mit der John-Lennon-Brille ist ein echter Experte auf seinem Gebiet. Er hat Musiktrends kommen und gehen sehen. Manch einer munkelt, man müsse Delhalt nur eine Melodie vorsummen. Das genüge – und schon würde der Chef der CD Buttek in das passende Regal greifen und die gewünschte Scheibe aus dem entsprechenden Stapel von Pop, Soul, Singer-Songwriter, Rhythm & Blues, Punk oder klassischem Rock herausholen. Aufgewachsen ist der Luxemburger mit der Pop- und Rock-Musik der 60er- und 70er-Jahre. Wenn er die musikalischen Inspirationsquellen seiner Jugend nennt, fallen bekannte Namen der Prog-Rock-Ära: Pink Floyd, Genesis, Jethro Tull. Natürlich nennt er den einflussreichen Folkrock von Neil Young, der bekanntlich ganze Generationen prägte, die stilprägenden Doors mit der Pop-Ikone Jim Morrison und ganz besonders die in den 1960er-Jahren überaus erfolgreiche US-Band The Walker Brothers. »Speziell Scott Walker hatte einen riesigen Einfluss auf mich. Seine Scheiben gehören zu meinen absoluten Favoriten. Außerdem mag ich nach wie vor Folkrock sehr gerne«, sagt der Mann, der ursprünglich aus Esch stammt. Und schon hat er das wegweisende Album von Patti Smith »Easter« (1978) in der Hand. Die Platte der New Yorkerin mit dem zeitlosen Pop-Giganten »Because the night« war der Soundtrack der Beatniks und des frühen New Wave. Überhaupt stellt der Ladeninhaber eine zu-

Auf wenigen Quadratmetern dreht sich alles um Musik.

Pierre Delhalt mit seinen Lieblingsscheiben:
Scott Walker (links) und Patti Smith (rechts).

nehmende Renaissance von Vinyl fest. In Zeiten, in denen der CD ein baldiges Ende prophezeit wird und die Jugend vornehmlich nicht-physische Einheiten vom Computer auf MP3-Player zieht, sieht er eine steigende Nachfrage für das »schwarze Gold«. Es sei eben etwas anderes, Musik auf Platte zu hören als eine CD oder gar den Computer zu nutzen. »Schon die Klangfarbe ist wesentlich besser. Bei der Platte kommt zudem die Haptik hinzu. Man hält etwas in der Hand, liest die Texte, betrachtet das großformatige Cover. Die Langspielplatte ist einfach ein Gesamtkunstwerk und klangtechnisch den anderen Tonträgern weit überlegen. Wenn die Nadel auf der Platte aufsetzt, ist das ein magischer Moment. Falls Vinyl irgendwann ganz verschwinden würde, wäre das definitiv ein kultureller Verlust«, betont Pierre Delhalt. In seinem Laden hat er einige Tausend LPs im Angebot, wobei die CD als gängigstes Medium (etwa 45.000 Stück) deutlich dominiert. Die Liebe des Musikfreaks gehört aber auch rund 25 Jahre nach ihrem offiziellen Abgesang der LP. In seiner Wohnung stehen sage und schreibe drei Räume voll mit den schwarzen Scheiben. Wie viele es insgesamt sind, kann er beim besten Willen nicht schätzen. Aber einige Zehntausend werden es mit Sicherheit sein. »Ich höre einfach rund um die Uhr Musik. Anders kann ich mir das gar nicht mehr vorstellen.«

Früher sei er auf die größte Plattenbörse Europas ins niederländische Utrecht gepilgert. Heute genügen ihm die Plattenbörsen in Luxemburg oder Flohmärkte in der Region, um nach rarem Material oder Original-Pressungen zu suchen, wenngleich er sich nicht als Hardcore-Sammler bezeichnen würde, der jeder Spezial-Pressung hinterherrennt. Seine Kundschaft rekrutiert sich aus altgedienten Plattensammlern, die nach Raritäten von den Stones, den Beatles oder den großen Bands der 70er-Jahre Classic-Rock-Ära suchen. Aber auch viele Touristen verirren sich immer wieder in den kleinen Laden, der wie aus einer anderen Zeit entsprungen scheint und von oben bis unten voll gepackt ist mit Musik aller Genres. Schließlich liegt die CD Buttek in zentraler Lage gegenüber dem Palais, das viele Reisende ansteuern. Ein wenig verwirrend wirkt auf den Betrachter auf den ersten Blick das große Udo-Jürgens-Plakat in der Ecke des Ladens. Bei einem Rock- und Folkfan der Hippie-Ära vermutet man nicht wirklich ein Faible für den Österreicher am Piano, der im Dezember 2014 überraschend verstarb. Weit gefehlt. »Ich fand Udo Jürgens immer gut. Er wurde völlig zu Unrecht von manchen in die Schlagerecke gesteckt. Er hatte oft sozialkritische Texte und seine Musik war ebenfalls sehr gut. Ich sehe ihn eher in der Tradition des Chansons. Ein Liedermacher. Ein Großer seines Genres, so wie beispielsweise Leonard Cohen oder Jacques Brel. Ich habe Udo Jürgens nur wenige Wochen vor seinem Tod bei einem Konzert in Trier gesehen. Er wirkte so fit – unglaublich, dass er nun tot ist.« An seine erste Single kann sich Delhalt im Übrigen noch gut erinnern. »Die war von den Four Tops. Meine erste Langspielplatte stammte von der niederländischen Prog-Rock-Band Focus.« Dies alles hat dazu geführt, dass der Luxemburger nun seit mehr als 35 Jahren Platten sammelt – und die Käufer unabhängig von Alter und Schicht freuen sich wohl am meisten darüber, dass der »Tempel der Musik« (wie der kleine Laden zuweilen genannt wird) nach wie vor existiert.

Der Platten- und CD-Laden von Pierre Delhalt heißt CD Buttek am Palais und befindet sich, wie der Name es bereits andeutet, direkt am großherzoglichen Palais, das viele Touristen auf einer Visite in Luxemburg besuchen. Rund 50.000 Tonträger befinden sich in dem kleinen wie aus der Zeit gefallenen Laden und garantiert läuft dort auch Musik. CD Buttek, 16 rue du Marché-aux-Herbes, Luxemburg-Stadt, ☎ 00 352 / 47 39 57. Internet: www.cdbuttek.oyla.de. Geöffnet hat das Geschäft von Montag bis Samstag jeweils von 9 bis 18 Uhr.

25 Der verblichene Charme von Senones

Städtchen in den Vogesen war im 18. Jahrhundert Residenz des Fürstentums Salm-Salm / Land der Abteien

Senones in den Vogesen atmet zweifellos Geschichte. Zwischen 1751 und 1793 war das Städtchen Hauptstadt des Fürstentums Salm-Salm. Ein unabhängiges Gebilde mit eigener Justiz, Finanzwesen und eigener Armee. Es war dem machtvollen Streben des Fürsten zu Salm-Salm geschuldet – und zweifellos seinem Verhandlungsgeschick gegenüber Frankreichs König Ludwig XV. und dem lothringischen Herzog Stanislas. Im Lauf der Französischen Revolution verlor das kleine Fürstentum in Lothringen seine Unabhängigkeit, die Güter wurden vom neuen Regime konfisziert, die Familie floh ins Schloss Anholt nach Westfalen. Das »Land der Abteien«, wie die Region auch genannt wird, wurde schließlich Teil Frankreichs. Der kuriose »Kleinstaat«, der einige Dekaden zwischen Frankreich und dem Herzogtum Lothringen existierte, war passé. Ungewöhnlich ist die große Dichte gleich dreier Abteien (Étival, Moyenmoutier und Senones) in nur wenigen Kilometern Distanz. Gemeinsam mit Bonmoutier im Norden und Saint-Dié-des-Vosges im Süden bilden die Klöster von Salm-Salm das »Heilige Kreuz der Vogesen«. Im siebten Jahrhundert gegründet, sorgten

Willkommen im einstigen Fürstentum Salm-Salm in den Vogesen.

Land der Abteien: Am Kloster Moyenmoutier wird die Außenanlage hergerichtet.

die Benediktiner-Abteien früh für eine kulturelle Blüte und bildeten das Terrain des späteren Fürstentums. Die Abtei von Moyenmoutier beherbergt eine der ersten Grammatikschulen Europas. In der Akademie versammelte sich einst die wissenschaftliche Elite des Benediktinerordens. »Die Bibliotheken der drei Abteien mit rund 60.000 Werken sind mit den größten Sammlungen Frankreichs vergleichbar. Die Region hat einfach eine sehr reichhaltige Historie. Religiös und kulturell war dieses Gebiet ein Zentrum, das viele Gelehrte, unter anderem Voltaire, anzog. Das gesamte Fürstentum basierte auf diesem geistig-religiösen Schatz. Es war mit den Abteien eng verbunden«, weiß Touristik-Guide Stephanie Masset zu berichten.

Für Wohlstand in der einstigen Grafschaft Ober-Salm, aus der das Fürstentum hervorging, sorgten fast zwei Jahrhunderte lang die Papierherstellung und vor allem die Textilindustrie im Tal von Rabodeau. Relativ spät, in den 1990er-Jahren, ging schließlich die letzte Textilfabrik in Konkurs und seither, so scheint es dem Betrachter, ist das einst stolze Städtchen fast ein wenig dem Verfall preisgegeben. Ein aufgegebener Industriestandort mit sich ziehenden Brachen, Ruinen und Häusern mitten im Stadtzentrum, wo der Putz nur so bröckelt. Nach dem Abgesang der Textilindustrie fanden die Stadtväter offensichtlich keine neue Perspektive für ihr einst florierendes Residenzstädtchen. Immerhin nimmt das Département Vosges aktuell rund 35 Millionen Euro in die Hand, um die Ehrentreppe und den Klosterpalast von Senones zu restaurieren. Auch vor dem Kloster Moyenmoutier wird derzeit die Gartenanlage saniert. Denn das »Land der Abteien« zieht immer noch zahlreiche kunsthistorisch interessierte Touristen in das einstige Fürstentum. Insbesondere die Festspiele der Abteien im Juli und August eines jeden Jahres mit klassischen Konzerten und Fahnenschwenkern in historischen Uniformen locken Besucher in den Landstrich am Fuße des Donon. Schwierige Zeiten hat die Region auch während der beiden großen Weltkriege erlebt. Im Ersten Weltkrieg verlief die Frontlinie durch die Vogesen. 1914 wurde der Ort von der deut-

Das Premier Château – vor 20 Jahren durch einen Brand zerstört.

schen Armee besetzt. Am Ende des Ersten Weltkriegs lebten dort nicht einmal mehr zehn Prozent der Einwohner, die Stadt war in Schutt und Asche gelegt. Auch unter dem Zweiten Weltkrieg litt die Vogesen-Stadt massiv. 354 Männer aus Senones wurden als Vergeltungsaktion nach einem Angriff französischer Widerstandskämpfer von der Wehrmacht ins KZ Auschwitz verschleppt. Überlebt haben nur wenige. Und: Bereits der deutsch-französische Krieg von 1870/71 hatte dort beträchtliche Wunden geschlagen. »Das hier ist europäisches Kernland. Und hier hat der Schrecken der großen Kriege mit voller Wucht zugeschlagen. Romanischer und germanischer Einfluss prallten hier schon seit jeher aufeinander. Mit seinen prächtigen Klöstern steht es aber auch für das Gedeihen eines wissenschaftlichen, religiösen und literarischen Zentrums. Ihre Nähe zueinander machen die Abteien zu einem einzigartigen Gesamtkunstwerk in Lothringen«, betont Kunsthistorikerin Stephanie Masset. Im historischen Zentrum des kleinen Städtchens wirken die fürstlichen Anlagen heutzutage etwas überdimensioniert. Das architektonisch ganz im Geiste des Absolutismus geprägte Areal mutet ein wenig verloren an. Kaum eine Menschenseele verirrt sich an einem frühlingshaften Nachmittag in die ehemalige Residenz. 1994 brannte das erste Schloss komplett aus. Das zweite Schloss des Fürsten wurde umfunktioniert und diente viele Jahrzehnte als Textilfabrik. Eines ist augenscheinlich: Beim zerstörten Château hat sich seit dem verheerenden Feuersturm vor gut zwanzig Jahren offensichtlich kaum etwas verändert. Etwas trist fungiert das Gebäude als eine Art Verbindungspforte von Kloster und fürstlicher Anlage. Etwa 2600 Menschen leben heute noch in Sensones. »Es ist eine kleine Stadt mit einer außergewöhnlichen Historie und Abteien, die einen regelrecht umarmen«, beschreibt die aus Nordfrankreich stammende Touristik-Führerin die verblassende Aura der einstigen Fürsten-Heimstätte, deren Wappen zwei springende Lachse zieren, durchaus charmant.

Senones liegt in den Vogesen an der D424 nördlich von Saint-Dié-des-Vosges. Bekannt ist die frühere Residenzstadt nebst Fürstentum für ihre Abteien. Gleich drei bedeutende Abteien (Étival, Moyenmoutier und Senones) gibt es hier auf kleinem Raum. Nicht umsonst wird die Region auch »Land der Abteien« genannt (pays des abbayes). Im Sommer locken die »Festspiele der Abteien« Tausende Interessierte und Touristen in das kleine Städtchen mit ruhmreicher Vergangenheit. Internet: www.paysdesabbayes.com (auch auf Deutsch).

26 Als es Demi Moore die Sprache verschlug

Château de La Grange ist Drehort zahlreicher Kinoproduktionen / Peter Greenaway filmte hier 8 ½ Frauen

Cineasten haben es mit Sicherheit schon einmal auf Zelluloid gesehen – das Château de La Grange in Manom. Denn in dem altehrwürdigen Schloss bei Thionville wurde so mancher internationale Kinofilm gedreht. Beispiele gefällig? Der geniale britische Regisseur Peter Greenaway (bekannt durch filmische Meisterwerke wie Der Kontrakt des Zeichners, Der Bauch des Architekten oder Verschwörung der Frauen) drehte hier den Film »8 ½ Frauen«. Die Schauspieler Demi Moore und Michael Caine gaben sich bei dem Thriller Flawless in La Grange die Ehre. Oder: In dem Drama Nous trois war die französische Actrice Emmanuelle Bèart zu Gast in dem Château von 1715. Zahlreiche, vornehmlich französische und europäische Koproduktionen wurden und werden in dem einstigen Adelssitz abgedreht. Und warum gerade hier? Das weiß Schlossherr Marie-François de Selancy, der mit seiner Familie in dem Anwesen residiert. »Der Kontakt kam zuerst über Filmproduktionen Anfang der 90er-Jahre in Luxemburg zu Stande. Wir sind ja nicht weit von der Grenze entfernt und so viele Châteaus gibt es hier nicht. Da sind die Location-Scouts der Filmfirmen wohl auf uns gestoßen. Zeitliche und räumliche Aspekte spielen da sicherlich auch eine Rolle. Und mittlerweile hat sich das so etabliert.« Fraglos spielt auch die mondäne Atmosphäre des Wasserschlosses und die historische Komponente für die Wahl eine entscheidende Rolle. Wenn das Filmteam vor Ort ist – meist zwischen einigen Tagen oder

Beliebter Drehort bei Regisseuren: das Château de La Grange.

mehreren Wochen – wird quasi rund um die Uhr in dem Château gedreht, denn Filmminuten sind bekanntlich sehr kostspielig. »Wenn die Crew vor Ort ist, bedeutet das natürlich für uns eine gewisse Einschränkung. Aber wir sind daran gewöhnt und finanziell ist die ganze Sache für uns ja auch nicht ganz uninteressant«, sagt Marie-François de Selancy, der vor seiner Pensionierung in der Finanzindustrie im nahen Luxemburg gearbeitet hat. Große Probleme habe es bislang nie gegeben. Denn bei mehr als 17 Räumen (darunter etliche große Salons) kann man auch so seiner Wege gehen, ohne sich gegenseitig zu stören. Einmal habe sein Vater den Regisseur Peter Greenaway, der für seine skurrilen, kunstvollen Filmprojekte bekannt ist, gefragt, was er da überhaupt mache. »Greenaway, ein sehr netter Zeitgenosse im Übrigen, hat nur mit den Schultern gezuckt und gemeint: ‚Ganz ehrlich, das weiß ich selbst nicht'«, erinnert sich der Schlossbesitzer schmunzelnd zurück. Leichte kommunikative Schwierigkeiten hatte es dagegen mit US-Star Demi Moore gegeben. Man habe von Seiten des Schlosses leise angefragt, ob die lokale Zeitung L'Est Républicain (»wir kennen da einige der Redakteure und versprachen mal nachzufragen«) eventuell ein Interview mit Demi Moore führen könne. »Aber dann begann ein einziges Hin und Her. Es wurde etliche Male mit ihrem Management in L.A. telefoniert und gemailt. Viel Brimborium, dabei war sie ja hier vor Ort. Das war letztlich viel Rauch um Nichts. Ich weiß nicht mal, ob das Interview am Ende zu Stande kam. Ich glaube, Demi Moore blieb am Ende stumm.« Marie-François de Selancy, der gewissermaßen dem Prototyp eines englischen respektive französischen Gentlemans entspricht, und eher für Understatement steht, ließ es damit bewenden. Er sei zwar kein ausgesprochener Cineast, aber die Filme, die in seinem Schloss gedreht wurden, hat

▲ Prachtvolle Salons gibt es in dem Anwesen bei Thionville reichlich.
▼ Schlossherr Marie-François de Selancy.

er dann doch größtenteils gesehen. Schließlich will man ja schauen, wie sich der Familiensitz auf Zelluloid so macht. Ein Besuch in dem stattlichen Anwesen mit der schönen Alleeneinfahrt ist selbstredend auch ohne jegliches Interesse am Filmhintergrund durchaus empfehlenswert. Das Schloss besitzt ein Ensemble bemerkenswerter Möbelstücke aus dem 18. Jahrhundert sowie Familienporträts, die einst von bekannten Malern wie Rigaud, Vestier oder Drouais gemalt wurden. Diverse Gobelin-Teppiche aus Flandern finden sich dort ebenso wie Fayencen aus Longwy und Luxemburg. Imposant ist ein fünf Meter hoher Steingutofen aus dem 18. Jahrhundert. Die diversen, prachtvollen Räume können – selbstverständlich abgesehen vom privaten Wohnbereich – besichtigt werden. Im 18. Jahrhundert war Château de La Grange im Besitz des Generalleutnants des Königs des pays du Metz. De Senancy und seine Familie sind direkte Nachfahren. Malerisch schön ist auch der Garten der Anlage. Dieser gehört zum Netzwerk Jardins sans limites (übersetzt: Gärten ohne Grenzen). Mehr als zwanzig Gärten im Moselland, Luxemburg und Saarland zählen zu diesem Netz, unter anderem auch der »Garten für den Frieden« in der lothringischen Zitadellenstadt Bitche. Lange Buchsbaumreihen, die sich aus fast 100 Arten zusammensetzen sowie einige 1000 Lilien auf der anderen Seite des Wassergrabens sorgen im Sommer für eine blühende Pracht. Sehr schön sind auch die beiden Porzellanalleen, die aus schwarzen Steinen bestehen, in denen blaue und rote Porzellanquadrate eingelegt sind, die an eine Steingutfabrik erinnern, die im 18. Jahrhundert hier gestanden hatte.

Das Schloss nahe Luxemburg wurde im 18. Jahrhundert erbaut.

Das Château de La Grange befindet sich am Ortseingang von Manom nur einige Kilometer nördlich von Thionville direkt an der D653. Das Schloss hat Juli und August täglich für Besucher geöffnet. Von Anfang April bis Ende Juni und Anfang September bis Ende Oktober ist es ausschließlich an den Wochenenden und an Feiertagen geöffnet. Beginn der Führungen jeweils um 14.30 Uhr, 15.30 Uhr und 16.30 Uhr. Dieselben Öffnungszeiten gelten für den Garten. Eintritt: Garten und Schloss 8,50 Euro, ermäßigt: 7 Euro. Es gibt Gruppentarife. Mehr Infos: ☎ 00 33 / 3 82 53 85 03, Internet: www.chateaudelagrange.com

27 Im Rhythmus des christlichen Kalenders

Seit 1896 produziert die Manufaktur Frères Bach in Lothringen Kerzen für Kirchen und Kathedralen

Der Jahresrhythmus ist für Jean-Martin Bach klar vorgegeben: Ostern, Allerheiligen, Weihnachten. Die großen christlichen Feiertage eben, hinzu kommen Taufen, Goldene Hochzeiten und ähnliches. Der 53-Jährige ist Kerzenzieher. Ein altehrwürdiges Handwerk, das schon während der industriellen Revolution zu verschwinden begann, als Industriebetriebe die kleinen Manufakturen ablösten. Aber der Familienbetrieb in Petit-Réderching, nur einige Kilometer von Bitche entfernt, hat überlebt – bis heute. Cierges et Bougies Frères Bach kann auf eine Tradition bis ins Jahr 1896 zurückblicken. Jean-Martin Bach ist in dritter Generation für das Unternehmen tätig. »Wir sind der letzte inhabergeführte Betrieb in der Region, der seit fast 120 Jahren Kerzen herstellt. Das gibt es sonst weder im Elsass noch in Lothringen in dieser Form. Wir sind im Grunde die Einzigen in Ostfrankreich, die nach alter Väter Sitte als kleine Manufaktur die Zeit überdauert haben«, sagt der drahtige Mann. Wie viele Kerzen sein Betrieb pro Jahr produziert? Der Franzose zuckt mit den Achseln: »In solchen Kategorien denken wir nicht. Wir gehen vom Rohstoff aus. Pro Jahr benötigen wir etwas mehr als 20 Tonnen Paraffin. Gelegentlich verwenden wir auch Palmwachs. Daraus entstehen natürlich sehr viele Kerzen. Aber gezählt haben wir das noch nicht.«

Chef des traditionsreichen Familienbetriebs: Jean-Martin Bach.

Vor allem Opferkerzen für die Kirchen und Kathedralen der Region werden in großer Zahl hergestellt. Zahlreiche kirchliche Einrichtungen, darunter die Kathedrale Saint-Étienne (Stephansdom) in Metz, bestellen ihre Kerzen in dem kleinen Ort im Osten von Lothringen. Auch Floristen von Colmar, Nancy bis nach Luxemburg zählen zu den Abnehmern von Frères Bach. Vor Weihnachten werden regelmäßig Adventskränze in großer Zahl mit Kerzen bestückt. Eine Tradition, die man innerhalb Frankreichs nur in Lothringen und im Elsass kennt. Der Geschäftsinhaber wiegt ein ewiges Licht in seiner

Dieses Gerät sorgt dafür, dass Kerzen am Ende von selbst ausgehen.

Hand. »Grablichter werden von uns ebenfalls in großer Stückzahl hergestellt.« Allerdings gehe die Grabpflege zurück, wie generell die Säkularisierung voranschreitet. Für das Geschäft von Jean-Martin kein gutes Zeichen. »Die kirchlichen Bräuche nehmen in unserer modernen Gesellschaft immer mehr ab. Es gibt weniger Priester, Kirchen schließen. In Lothringen und im benachbarten Elsass – katholische Regionen mit einem stark verankerten Brauchtum – ist es noch nicht ganz so schlimm. Aber tendenziell ist unser Geschäft rückläufig«, sagt der 53-Jährige ohne einen Anflug von Wehmut. So seien eben die Zeiten. Sie ändern sich. Allerdings habe sich in den vergangenen Jahren auch ein neuer Markt aufgetan. Neben den traditionellen Zierkerzen seien es vor allem Duftkerzen, die im heimischen Ambiente für angenehme Düfte sorgen. »Im Frühjahr kommt Rose sehr gut an, im Winter eher Orange-Zimt, während Patschuli das ganze Jahr über geht«, erklärt der Inhaber und hält währenddessen eine Apotheker-Flasche in der Hand. »Das ist für einen Kunden, der sich seine Essenzen eigens in Grasse hat abfüllen lassen. Das ist natürlich ein Premiumprodukt.« Die großräumige Manufaktur hinter dem kleinen Ladengeschäft an der Hauptstraße von Petit-Rédering atmet noch den Geist der Geschichte. Altertümliche Geräte des mechanischen Zeitalters machen ihre Arbeit offensichtlich noch ebenso gut wie in dem Jahrhundert zuvor. Viele Maschinen sind mit Kerzenwachs überzogen. Jean-Martin Bach deutet auf ein Gerät, welches dafür zuständig ist, dass die Opferkerzen in der Kirche von selbst ausgehen, ehe die Flamme

Ein Mitarbeiter stanzt Löcher in den Boden der Kerzen.

den Boden erreicht. Ein Mitarbeiter stanzt derweil Löcher in die Kerzen, damit man sie am Opferstock einstecken kann. »Ich gestehe, wenn ich im Urlaub bin, dann schaue ich mir die Kirchen auch unter dem Aspekt an – welche Kerzen sind das und von wem wurden sie hergestellt? Da lässt einen das professionelle Interesse nicht los.« In Frankreich seien Opferkerzen übrigens eher konisch, während sie in Deutschland zylindrisch geformt sind. Bis zu 1,20 Meter sind die Kerzen von Frères Bach hoch – und mit einem Umfang von rund zwölf Zentimetern ausgestattet. Vor allem Osterkerzen haben diese Maße. Der Firmenchef zeigt auf die Dochteinfädelmaschine und die Durchziehmaschine, in der das Paraffin und der Docht (aus Baumwolle) vereinigt werden. Einige Meter weiter in dem heimelig wirkenden Atelier stehen Farbtonnen für die Kerzen. Rund zwanzig Farben stehen bereit. Das Gros – speziell für den klerikalen Sektor – reduziert sich jedoch auf das Farbenspektrum weiß und Elfenbein. Für Privatkunden gibt es in dem Kleinbetrieb mit neun Mitarbeitern immer wieder an die jeweilige Jahreszeit angepasste Kollektionen. Eine Mitarbeiterin verziert gerade aufwendig eine Kerze für die Herbst-Kollektion. »Das ist ein Handwerk, das man mit viel Passion ausüben muss. Bei uns kommen noch die lange Historie und der Sinn für hohe Qualität hinzu. Die Zeiten sind nicht gerade leicht. Aber dann muss man sich eben immer wieder neu erfinden«, stellt Bach fest. Er sei sich sicher, dass Kerzenlicht grundsätzlich für den Menschen immer von Bedeutung sein werde. Denn es wirke einfach feierlicher und emotionaler als kühles elektrisches Licht.

Petit-Réderching liegt westlich von Bitche. Das Kerzenfachgeschäft Cierges et Bougies Bach Frères befindet sich in der Hauptstraße des Ortes, in der rue de Strasbourg 26, und hat zu den üblichen Ladenöffnungszeiten geöffnet. Hinter dem Geschäft befindet sich das Atelier der Kerzenzieher. Internet: www. bougies-cierges-bach.com. ☎ 00 33 / 3 87 09 83 07. Monsieur Bach spricht deutsch.

28 Ein Manifest des Humanismus

Beeindruckende Fotoausstellung The Family of Man im Schloss Clervaux im Norden Luxemburgs / UNESCO-Weltdokumentenerbe

Es ist eine faszinierende Ausstellung im Schloss von Clervaux im Norden Luxemburgs – erdacht und konzipiert vom Fotografen Edward Steichen. Der gebürtige Luxemburger war einst Kurator am Museum of Modern Art (MOMA) in New York. Die Sammlung The Family of Man umfasst 503 Aufnahmen von 273 Fotografen aus 68 Ländern. Die erstmals 1955 präsentierte Ausstellung versteht sich als Manifest für den Frieden und die fundamentale Gleichheit der Menschen – ausgedrückt durch die humanistische Fotografie der Nachkriegszeit. Die Aufnahmen von Fotografen wie Robert Capa, Henri Cartier-Bresson, Dorothea Lange, Robert Doisneau, August Sander oder Ansel Adams wurden dabei auf sensible Weise in Szene gesetzt. Nach einer Reise durch mehr als 150 Museen rund um den Globus ist die nun vollständige Version von The Family of Man seit 1994 als Dauerausstellung im Schloss von Clervaux untergebracht. Seit ihrer Eröffnung hat die Ausstellung mehr als zehn Millionen Besucher angelockt und 2003 wurde sie ins Weltdokumentenerbe der UNESCO aufgenommen. Die Idee Steichens war es, die Gemeinsamkeiten der Menschen auf der ganzen Welt zu zeigen. Denn alle lieben, lernen oder trauern auf ähnliche Weise. So ist die Ausstellung der Schwarz-Weiß-Fotos in verschiedene Räume beziehungsweise Kapitel unterteilt wie Geburt, Arbeiten oder Lernen. Herausgekommen ist eine beeindruckende Dokumentation, die unterstreicht, dass die Menschen weltweit viel mehr miteinander verbindet, als sie trennt. Die Ausstellung wurde als eine Reihe von Momentaufnahmen und Emotionen konzipiert, die in Zeiten des Kalten Krieges eine Botschaft des Friedens vermitteln sollte. Einige der Aufnahmen wurden zu Ikonen der Fotogeschichte. »Edward Steichen selbst hat The Family of Man das wichtigste Werk seiner Karriere genannt. Diese Ausstellung war für ihre Zeit

Schattenspiel: Fotokunst von Toni Frissell.

503 Aufnahmen aus 68 Ländern sind in Clervaux zu sehen.

ungewöhnlich und visionär zugleich, in fotografischer und szenografischer Hinsicht«, so Museumskuratorin und Kunsthistorikerin Anke Reitz. Die Aufnahmen hatte Steichen nach ihrer Ausdrucksstärke ausgewählt, während die Szenografie den Betrachter in ein fotografisches Essay taucht. Der Parcours der Ausstellung sowie die Chronologie der Bilder entsprechen der Originalinszenierung im MOMA, sodass die Besucher die damalige Stimmung nachempfinden und die Aufnahmen gleichermaßen auf sich wirken lassen können. In dem Museum befinden sich ausschließlich Originale, die in ihrem Konzept von New York in die luxemburgische Provinz transportiert wurden. Und eines ist sehr gut nachvollziehbar: Die Reaktionen der Menschen, welche die eindrucksvollen Fotografien betrachten, sind trotz unterschiedlicher kultureller Prägung wohl sehr ähnlich und von hoher Emotionalität geprägt.

In der Ausstellung vergisst man sehr schnell die Zeit. Denn im Gegensatz zu herkömmlichen Ausstellungen mit Gemälden spricht den Betrachter jedes Foto und jeder Mensch darauf unmittelbar und direkt an. Oft rätselt man, wann es aufgenommen worden sein könnte, in welchem Land und unter welchen Umständen. Man betrachtet die Physiognomie, die Kleidung, den Hintergrund. Keine Frage: Die Gesichter sprechen. Ob eine Arbeiterfamilie aus Sizilien, den USA, Südamerika oder Ungarn, alte Menschen, die sich irgendwo versammeln, Hirten in Afrika oder Lernende an einer Universität. Jedes Foto und jeder Mensch, der darauf zu sehen ist, hat seine Würde, seine Individualität. »Es ist schlicht die Weltsprache der Fotografie. Das Konzept ist zeitlos in seiner Wirkung. Es ist eine weltumspannende Ausstellung mit dem Gedanken etwas zu kommunizieren: Eine Botschaft des Friedens, und dass Menschen auf der ganzen Welt trotz aller Unterschiede ähnlich fühlen und dieselben Bedürfnisse haben«, erklärt Anke Reitz, die aus dem deutschsprachigen Teil Belgiens stammt. Zwischenzeitlich war The Family of Man für die Öffentlichkeit geschlossen. Die historischen Fotografien wurden restauriert und die Ausstellungsräume vom Nationalen Denkmalamt renoviert, um die Szenografie so an aktuelle Standards anzupassen. Die Sammlung besteht aus Originalabzügen, allesamt schwarzweiß und auf Holzplatten aufgeklebt. Die Aufnahmen haben eine lange, bewegte Geschichte zahlreicher Ausstellungen rund um den Globus hinter sich. Eine Geschichte, die naturgemäß Spuren hinterlässt. Dem Nationalen Institut für Bild und Ton (CNA) oblag die Aufgabe, Foto-, Film- und Tonmaterial als nationales Erbe Luxemburgs zu erhalten und zu restaurieren. Im Sommer 2013 öffnete The Family of Man nach der aufwendigen Restaurierung wieder seine Pforten.

Weltdokumenten-Erbe der UNESCO. Hier ein Bild von Jack Delano.

Clervaux (Clerf) liegt im Norden Luxemburgs an der A18. Die Ausstellung im Schloss von Clervaux ist jeweils vom 1. März bis zum 1. Januar zu sehen. Mittwoch bis Sonntag von 12 bis 18 Uhr (Montag und Dienstag geschlossen). Eintritt: 6 Euro, ermäßigt: 4 Euro. ☎ 00 352 / 92 96 57. Internet: www.steichencollections.lu. Zur Ausstellung gibt es einen Multimedia-Guide, der per iPad Mini Zugang zu Interviews und weiteren Informationen zur Ausstellung bietet (auch auf Deutsch). Der Besucher wird auf seinem Gang durch die Räume begleitet und kann diverse Dokumente über die Geschichte der Erstausstellung, ihre Parcours, die mitwirkenden Fotografen und natürlich über Edward Steichen selbst einsehen. Zudem existiert im Schloss ein Dokumentationsraum zur Ausstellung.

29 Der Jäger des verlorenen Schatzes

Armand Wagner besitzt Utensilien von Königen, Hollywoodstars oder berühmten Schriftstellern / Antiquitätenhändler mit besten Kontakten

Keine Frage, Armand Wagner ist ein echter Tausendsassa. Der 57-Jährige mit Schuhgröße 51 ist Inhaber eines Antiquitätengeschäfts nahe des Place du Théâtre in Luxemburg-Stadt. Und was der Kunstexperte an Schätzen bislang »ausgegraben« hat, das ist schon mehr als erstaunlich. So hat er die jahrzehntelang verloren

Armand Wagner mit Geschirr des belgischen Königs Albert I.

geglaubten Dokumente der Luxemburger Regierung während der Londoner Exilzeit aufgespürt und dem Staatsarchiv vermacht. Dafür wurde ihm die Ehre eines Chevalier de l'Ordre du Mérite zu Teil. »Ich hatte diese eiserne Kiste zwei, drei Jahre im Keller und nie geöffnet. Sie zählte zur Apanage des Großherzogs. Als ich die geheimen Dokumente gesehen habe, war ich natürlich verblüfft. Die Sensation war groß. Sogar das Außenministerium hat sich bei mir gemeldet. Ich wurde damals mit 25 Jahren zum jüngsten Ritterkreuzträger in Luxemburg gekürt«, erinnert sich Wagner zurück. In der Zwischenzeit hat der Luxemburger (er kauft ganze Nachlässe von Villen und Erbengemeinschaften auf) natürlich etliche weitere Schätze gehoben. Die Briefe des berühmten französischen Schriftstellers Victor Hugo nebst seinem Gehstock hat er gefunden und sie dem Museum Victor

Hugo in Vianden übergeben. Schließlich hatte der Schriftsteller eine ganz besondere Beziehung zu dem Städtchen im Osten des Großherzogtums und seiner Hofburg. »Es ist zweifellos ein Gefühl der Euphorie, wenn man etwas Besonderes entdeckt hat und in Händen hält«, sagt der Bonvivant, der ursprünglich Schaufensterdekorateur gelernt hat. Der Mann liebt Historie und lebt sie. Er besitzt Möbel aus dem Schlafzimmer von Charlie Chaplin. Der weltberühmte Komiker lebte bis zu seinem Tod im schweizerischen Vevey. Wagner nennt aber auch Büromöbel des Grafen von Stauffenberg, die Brillensammlung von Bertolt Brecht oder die Schmuckschatulle des schillernden Modeschöpfers Rudolph Moshammer sein Eigen. Und schon hat er ein silbernes Schälchen in der Hand. »Das gehörte der Prinzessin Luise von Preußen, Tochter von Wilhelm II. Sehr schön versilbert«, sagt der Antiquitätenhändler, der zu jedem seiner Stücke unzählige Anekdoten parat hat.

Ein Schälchen, das einst Luise Prinzessin von Preußen gehörte.

Die Liebe zu Kunst und Antiquitäten wurde dem Luxemburger quasi in die Wiege gelegt. »Mein Vater war Vergolder. Wir sind jeden Sonntag nach Brüssel gefahren, wo er historische Utensilien erstanden hat. Unser Haus war ein Museum, auf jeder Stufe stand eine Statue. Meinen ersten Flohmarkt habe ich mit sechs oder sieben in unserem Haus gemacht.« Wie der Vater, so der Sohn. Zupass kommen dem Kunstexperten, dass er Kontakte, vor allem zu adligen Kreisen, in ganz Europa hat, die sich über Jahrzehnte hinweg entwickelt haben. »Es gab Zeiten, da war ich jeden dritten oder vierten Tag im Jahr auf einer Jagdgesellschaft oder auf Veranstaltungen, wo ich von Hunderten Menschen wohl der Einzige ohne Adelstitel war. Für mich ist das kein Problem. Ich bin da wie eine Art Chamäleon. Ich bewege mich mit den Menschen immer auf Augenhöhe.« Beste Voraussetzungen für einen Händler mit Zugang zu erlauchten Kreisen. Sehr gelegen kommt ihm natürlich auch seine

Original Meißner Porzellan.

Herkunft aus dem vielsprachigen Luxemburg. So spricht er von Hause aus deutsch und französisch, natürlich englisch sowie italienisch.

Eine Büste in Wagners Kuriositätenkabinett.

Armand Wagner ist Hoflieferant des Großherzogs in Sachen Antiquitäten und leidenschaftlicher Sammler von Kunst. In seinem kleinen Geschäft ist jeder Quadratmeter vollgestellt, im Keller sieht es nicht anders aus. Und vor allem ist es eines: hochwertige Originalware. Hier Glaskunst von Lalique, dort Meißner Porzellanfigürchen und ganz besonders viel Porzellan von König Albert I. aus Belgien (Limoges Porzellan mit Goldinitialen), welches Wagner leidenschaftlich sammelt. Der Mann, der über ein umfangreiches historisches Wissen verfügt (»kein Studium, dafür stapelweise Bücher gelesen«), ist Kunst- und Sachverständiger am Obergerichtshof Luxemburg. Er besitzt Teile des Nachlasses des Königs von Württemberg (Friedrich II.), sitzt zu Hause gerne mal im Thron des ägyptischen Königs Faruq und gönnt sich auch mal ein Nickerchen im Himmelbett der Großmutter der englischen Königin Elisabeth II. Früher sammelte er alte Mercedesmodelle, Jaguare oder Lotusse. Dieses Hobby hat der Tausendsassa aber mittlerweile aufgegeben, denn die Kunst ist sein Steckenpferd. So hat er eine Hundertwasser- oder Chagall-Ausstellung nach Luxemburg gebracht. Und wenn es die Zeit erlaubt, dann fährt er auch mal ins Frieder-Burda-Museum nach Baden-Baden und geht mit seiner Frau anschließend im Drei-Sterne-Restaurant von Harald Wohlfahrt im nahen Baiersbronn essen. Gelegentlich ist der Autodidakt auf großen Auktionen in Brüssel, Amsterdam oder Paris zugegen. Im Sommer macht er auch mal spontan einen kleinen Flohmarkt direkt vor seinem Geschäft am Place du Théâtre. Oder er weilt zur Entspannung auf einem sonntäglichen Marché aux Puces in einem kleinen Ardennen-Dorf in Belgien. Ein Leben auf vielen Bühnen – was könnte schöner sein?

Das Antiquaire Armand Wagner befindet sich in 1 rue Beaumont in Luxemburg-Stadt beim Place du Théâtre. ☎ 00 352 / 22 08 38. Öffnungszeiten: Dienstag bis Samstag von 11 bis 12 Uhr und von 16 bis 18 Uhr (montags geschlossen). Zu all seinen Utensilien kann der Ritter des päpstlichen Ordens zum Heiligen Grab (diesen Titel hat er aufgrund seiner erfolgreichen Fahndung nach klerikalen Utensilien erhalten) eine Unmenge von Geschichten erzählen. Zur Orientierung: Die Confiserie Namur ist gleich um die Ecke.

30 Meisterwerke zeitgenössischer Kunst

Das Centre Pompidou ist das kulturelle Highlight von Metz / Klassiker und Popkultur / Beeindruckende Architektur

Seit Mai 2010 ist es der touristische Anziehungspunkt und prägt das kulturelle Leben von Metz ganz entscheidend – das Centre Pompidou. Das Museum, das äußerlich wie eine asiatische Pagode gepaart mit dem Dach des Olympiastadions von München wirkt, ist das einzige Centre Pompidou außerhalb von Paris. In der Hauptstadt des Départements Moselle ist man entsprechend stolz auf das kulturelle Aushängeschild unweit des wilhelminisch geprägten Bahnhofsviertels mit seiner Gründerzeit-Architektur (welches wiederum auf der französischen Vorschlagsliste für das UNESCO-Weltkulturerbe steht). Zweifellos ist die Außenstelle des Centre Pompidou-Metz in der lothringischen Provinz ein Meisterwerk der zeitgenössischen Architektur – geschaffen vom französisch-japanischen Architektenbüro Jean de Gastines/Shigeru Ban. Bereits das Gebäude mit seinem mächtigen Atrium unweit des Hauptbahnhofs atmet Kunst. Unter seinem beeindruckenden Dach – ein Holzgerüst, bedeckt von einer lichtdurchlässigen Membran – befinden sich drei Ausstellungsgalerien. Glaswände bieten in der oberen Etage einen atemberaubenden Blick auf Metz und seine berühmte Kathedrale. Seit der Eröffnung 2010 haben mehr als 2,5 Millionen

Centre Pompidou-Metz: Asiatische Pagode meets Münchner Olympia-Dach.

Interessierte das Zentrum, das eine Ausstellungsfläche von rund 11.000 Quadratmetern beherbergt, besucht. Neben den bekannten Museen in der französischen Hauptstadt zählt es damit zu den meistbesuchten Ausstellungsorten in Frankreich.

Etliche renommierte Ausstellungen gingen in Metz bereits über die Bühne. So beispielsweise die Präsentation bedeutender Werke aus der Sammlung des Musée National d'Art Moderne in Paris – insgesamt 700 der 780 ausgestellten Werke stammten aus den Beständen der Einrichtung. Ferner wurden bereits Werke zeitgenössischer Künstler präsentiert, die speziell für diesen Anlass geschaffen wurden. Chef-d'œuvre (Meisterwerke) nannte sich die Eröffnungsausstellung, die viele Kulturinteressierte in die 120.000 Einwohner zählende Stadt lockte. Die lichtdurchfluteten Räume schaffen optimale Voraussetzungen, um das jeweilige Objekt entsprechend wirken zu lassen. Das Centre Pompidou-Metz bot unter anderem einen Überblick über die zeitgenössische Kunst von 1937 bis heute. Auch mit Medienkunst oder Popkultur befasst sich die noch junge Einrichtung immer wieder. Kunst auf Zelluloid hieß eine der Ausstellungen – Krimiklassiker des Altmeisters Hitchcock trafen dabei auf Werke des Gothic-Regisseurs Tim Burton oder Luis Buñuel. 2014 war die Ausstellung Paparazzi zu sehen. Das Centre Pompidou-Metz widmete sich dem Phänomen und der Ästhetik der Schnappschüsse für die Yellow Press in Fotografien, Gemälden, Videos, Skulpturen und Installationen. Dabei hinterfragten die Ausstellungsmacher die ambivalente Beziehung zwischen Stars und Sternchen und deren Fotografen – auch der Aspekt des Einflusses der »Bilderjäger« auf die Modefotografie wurde beleuchtet. Sehenswert war ferner die Ausstellung Formes libres. Sie kreiste um die Faszination für einfache Formen – ob zeitgenössisch oder aus der Frühgeschichte stammend. Die Ausstellung stellte Themen der Industrie, Mechanik, Mathematik oder Archäologie in einen Kontext mit Objekten aus Kunst und Architektur. Das 20. Jahrhundert war neben der Abstraktion auch ein Zeitalter der klaren Linien. Maler, Archi-

Ein Objekt der Ausstellungseröffnung 2010.

Moderne Kunst auf rund 11.000 Quadratmetern.

tekten oder Designer, welche die Grundlagen der Formgebung für sich wiederentdeckten, standen dabei im Mittelpunkt – nach dem Motto: zurück zum Essenziellen. Anfang 2015 wurde die ebenso düstere wie skurrile TV-Serie Twin Peaks des Kult-Regisseurs David Lynch (Lost Highway, Mulholland Drive) im Rahmen einer 80er-Jahre Popkultur-Retrospektive thematisiert. Ungewöhnliche Skulpturen sah der Betrachter auch bei der Rekonstruktion eines kunterbunten Kunstladens, der in Nizza abmontiert und in Metz eine temporäre Heimat fand. Gino Severinis Futurismus wurde bereits in den Fokus gerückt sowie Andreas Gurskys kritischer Blick auf die Warenwelt. Seit 2014 präsentiert die Einrichtung eine Langzeitausstellung mit herausragenden Werken aus den Sammlungen der Schwester-Einrichtung in Paris. Darunter sind der Bühnenvorhang für das Ballet Mercure von Pablo Picasso sowie Figuren und Vögel von Miro zu sehen. Die Ausstellung mit dem Titel Phares zeigt auch Werke von Beuys oder Anish Kapoor. Die Werkschau entspricht einer Zeitreise der Kunst vom Anfang des 20. Jahrhunderts bis zur Gegenwart, wobei die wichtigsten Künstler und Kunstbewegungen skizziert werden.

Das Centre Pompidou-Metz ist nur wenige Gehminuten vom Hauptbahnhof entfernt. Das Museum hat täglich von 11 bis 18 Uhr geöffnet. Samstags und sonntags bereits ab 10 Uhr, dienstags hat es geschlossen. Variabler Eintrittspreis je nach Anzahl der geöffneten Ausstellungsflächen: 7 bis 12 Euro. Für Menschen unter 26 Jahre und behinderte Personen (sowie deren Begleitung) ist der Eintritt frei. Es gibt Audioguides oder (barrierefreie) Gruppenführungen (auf Deutsch). In der Einrichtung befindet sich auch ein Restaurant, das regionale lothringische Spezialitäten in zeitgenössischem Ambiente anbietet. Internet: www.centrepompidou-metz.fr

31 Das kleine lothringische Carcassonne

Trutzige Festungsstadt unweit von Luxemburg / Viele Herren herrschten einst in dem mittelalterlichen Städtchen

Mit seiner 700 Meter langen Stadtmauer, seinem Stadttor und den acht erhaltenen Wehrtürmen wird Rodemack auch oft das »kleine lothringische Carcassonne« genannt. In dem Städtchen mit seinen engen Gassen und gut erhaltenen Häusern aus dem 18. Jahrhundert scheint die Zeit fast ein wenig stehen geblieben zu sein. Rodemack lag einst an einer wichtigen römischen Verbindungsstraße zwischen Metz und Trier. Dank seiner historischen Architektur wurde der Ort 1987 in die Vereinigung »Die schönsten Dörfer Frankreichs« aufgenommen. Seit 1905 gehört das Städtchen zu den historischen Wahrzeichen Frankreichs. Als Reisender betritt man die mittelalterliche Festungsstadt gewöhnlich durch das Tor »Porte de Sierck«. Dieses trutzige Stadttor wurde im 15. Jahrhundert errichtet. Nur ein paar Schritte rechts davon befindet sich ein Springbrunnen dessen Quelle bereits die Bevölkerung der ursprünglichen Stadt versorgte. Von dort führt eine kleine Gasse zur Kirche Saint-Nicolas. Dort sieht man Chorfenster, die vom berühmten Metzer Glasmaler Laurent-Charles Maréchal gestaltet wurden. Ein paar Schritte weiter führt die Rue des Seigneurs an den Fuß der Zitadelle. Sie wurde auf den Grundfesten der mittelalterlichen Burg errichtet, die bereits im 12. Jahrhundert von den

Schloss und Festungsmauern.

Das Stadttor von Rodemack.

Stadtherren Rodemacks erbaut wurde. Im 15. und 16. Jahrhundert wurde die Festung von den badischen Markgrafen rekonstruiert und mit Artilleriebollwerken verstärkt. Entlang der Rue du Fort sieht man einen Heiligenstock aus dem 15. Jahrhundert und die Kapelle Notre-Dame. Auch ein mittelalterlicher Garten mit Heilpflanzen ist innerhalb der Stadtmauern angelegt. Ein Durchgang in der Stadtmauer führt schließlich zum Maison des Baillis, dessen Tür- und Fensterstürze noch immer die Wappen der Markgrafen von Baden tragen. Rodemack kam im 9. Jahrhundert vermutlich durch Schenkung Ludwigs des Frommen in den Besitz der Abtei von Fulda. Aufgrund der großen Entfernung nach Hessen tauschte der Abt von Fulda Rodemack gegen andere Ländereien mit dem Abt von Echternach. Lange Zeit vertrat ein Vogt die Interessen der Abtei von Echternach in Rodemack. Mit der Zeit traten jedoch die Herren von Rodemack, mächtige Vasallen der Grafen von Luxemburg, mehr und mehr in den Vordergrund. Um 1190 errichtete Arnoux (Arnold) I. die erste Burg am Ort der heutigen Festung. Die Herren von Rodemack nahmen bald eine wichtige Stellung in der Grafschaft Luxemburg ein. Ihr Grundbesitz wuchs stetig. Zur Zeit seiner größten Ausdehnung reichte das Territorium fast bis nach Metz und umfasste Besitzungen in Luxemburg, Deutschland und Belgien. Im 15. Jahrhundert führte jedoch unter anderem ein Bündnis mit dem König von Frankreich zum Niedergang der Herren von Rodemack. 1492 beschuldigte Maximilian von Österreich den letzten Herrn von Rodemack des Bruchs der Lehnstreue, konfiszierte dessen Besitz und übergab ihn dem Markgrafen von Baden, Christoph I. 1542 eroberte ein französisches Heer die Festung, die 1544 wiederum in den Besitz der Habsburger fiel. 1552 wurde Rodemack erneut von den Franzosen besetzt. Durch den Vertrag von Cateau-Cambrésis von 1559 fiel Rodemack an Spanien. Während des Dreißigjährigen Kriegs wechselten französische und spanische Herren. Auch in den folgenden Jahrzehnten war die kleine Festungsstadt ständiger Zankapfel zwischen Spaniern und Franzosen. Ab 1769 gehörte Rodemack offiziell zu Frankreich. Die Markgrafen von Baden hatten bereits 1685 dem französischen König den Treueid geleistet. 1790 brach eine verheerende Feuersbrunst aus, bei der viele Häuser zerstört wurden. Zwei Jahre später besetzten österreichische und preußische Truppen die Festung. Ein letztes Mal wurde die Festung 1815 durch preußische Truppen belagert, die sich trotz zahlenmäßiger Überlegenheit zurückziehen mussten. Die Verteidiger der Zitadelle standen unter dem Oberbefehl von General Hugo, Vater des berühmten französischen Schriftstellers Victor Hugo. In den folgenden Jahren wurde die mittlerweile zerstörte Zitadelle geschliffen. Um 1870 kaufte der Baron Charles de Gargan die Überreste der Festung von Rodemack. Seine Tochter Jeanne de Gargan legte den Park sowie einen Gemüsegarten an und ließ den ehemaligen Offizierspavillon als Wohngebäude wiederherrichten. Später folgten weitere aufwendige Restaurierungen in »La Petite Carcassonne«, das mitten im europäischen Kernland gelegen, alle Wirrungen und Kriege der Jahrhunderte hautnah zu spüren bekam.

Rodemack liegt nördlich von Thionville nahe der Grenze zu Luxemburg. Über die D653 und D62 erreichbar. ☏ 00 33 / 3 82 51 25 50, E-Mail: tourisme@rodemack.com. Es sind auch Gruppenführungen durch den historischen Altstadtkern und entlang der gut erhaltenen Stadtmauer möglich. Jedes Jahr Ende Juni findet ein großes Mittelalterfestival mit Rittern und Gauklern in dem Ort im Dreiländereck Frankreich/Luxemburg/Deutschland statt. Seinen Spitznamen bekam das kleine lothringische Carcassonne in Anlehnung an die bekannte, mächtige Katharer-Burg in Südfrankreich.

32 Von Dampfloks und Steampunks

Historische Eisenbahnen verkehren im Industriepark Fond-de-Gras / Schrauber mit Nostalgiefaktor beim Verein »Train 1900«

Sie sind Eisenbahner mit Leib und Seele und huldigen der Ära der Dampflokomotiven. Im Industrie- und Eisenbahnpark von Fond-de-Gras geben sich H.G. Wells und Jules Verne sozusagen die Klinke in die Hand. Willkommen im mechanischen Industriezeitalter, einer Ära als die Gesichter vor Ruß schwarz waren und die Lokomotiven pfeifend Dampf ausstießen. Der Bahnhof von Fond-de-Gras im Süden Luxemburgs wurde 1875 errichtet. Personen fuhren in der damaligen Zeit allerdings nicht mit dem Dampfross, denn die mit Eisenerz beladenen Züge hatten die Aufgabe, das Material von Fond-de-Gras zu dem an das internationale Eisenbahnnetz angeschlossenen Bahnhof von Pétange zu befördern. Es war eine reine Grubenlinie, die zwischen 1875 und 1963 viele Millionen Tonnen Eisenerz nach Pétange und von dort weiter zu den belgischen und luxemburgischen Hochöfen fuhr. Entlang der Strecke waren insgesamt neun Verladestellen. Ab 1962 – nach dem Niedergang der Montanindustrie im Großherzogtum – wurde die Transportlinie eingestellt. Ab 1987 fand schließlich die Konversion zum grenzüberschreitenden Industrie- und Eisenbahnpark Fond-de-Gras statt, der sich dem bedeutenden Stück Industriegeschichte widmet.

Dampfloks um das Jahr 1900 gibt es etliche in der Werkstatt des Vereins.

In der Werkstatthalle restaurieren die Vereinsmitglieder von Train 1900 akribisch die eisernen Ungetüme einer längst untergegangenen Epoche. »Dahinter steckt ganz viel ehrenamtliches Engagement. Rund 150 Mitglieder sind hier aktiv. Es ist die Begeisterung für die Dampflok, die mechanische Kraft und das Zeitalter von Eisen und Stahl«, sagt Frédéric Humbel, der die Aktivitäten der Ehrenamtlichen koordiniert. Es gibt nämlich gleich zwei Vereine: einmal die Förderer der Grubenbahn und andererseits die Freunde von Train 1900. Die Eisenbahnstrecke zwischen Pétange und Fond-de-

Gras ist eine Normalspurstrecke mit einer Spurweite von 1435 mm. Der Verein verdankt seinen Namen der ersten Lokomotive, der Nr. 8 Hanomag, welche das erste Mal im Jahr 1900 befeuert wurde. Der Vereinssitz im Industrie- und Eisenbahnpark geht auf eine Initiative des Luxemburger Kulturministeriums und des Amts für Denkmalschutz zurück. Der erste »Freizeit«-Dampfzug im Industriepark rollte im August 1973 und ist seither an jedem Sonn- und Feiertag vom 1. Mai bis Ende September in Betrieb. Den Freiwilligen von Train 1900 geht es darum, die Loks, Güterwagen und Signalanlagen zu restaurieren und in betriebsfähigem Zustand zu halten. Einer dieser Idealisten ist der 18-Jährige Christoph, der bereits seit sieben Jahren seiner Leidenschaft in Sachen Dampfloks frönt. »Ich finde die Technik einfach faszinierend. Früher konnte man noch schrauben und sich schmutzig machen. Heute funktioniert ja vieles digital. Aber diese Maschinen haben noch echtes Leben in sich. Es ist imposant zu sehen, welche Kraft eine Dampflok entwickeln kann«, sagt der Schüler aus Rodange. Bei den Ausfahrten für Touristen im Sommer betätigt sich der Jugendliche, der mit seinem Barett, Schal und Blaumann durchaus auch als Mechaniker aus Zeiten des Fin de Siècle durchgehen könnte, immer wieder als Heizer. »Es ist zwar anstrengend, die Kohle in den Ofen zu schaufeln, aber es macht auch riesig Spaß. Vor allem wenn man sieht, wie begeistert die Kinder sind, wenn es losgeht. Ich finde es nach wie vor toll zu beobachten, wie sich so ein eisernes Stahlross nur mit Wasserdampf und Kohle in Bewegung setzt«, berichtet der junge Mann, während er eine Lok aus Belgien aus dem Jahr 1900 restauriert. Derzeit besucht Christoph die Schule mit Schwerpunkt Elektrik und Elektrotechnik. Als weiterführendes Berufsziel könnte er sich gut vorstellen, einmal als Ingenieur bei der Eisenbahn zu arbeiten.

Vereinsmitglied Christoph schraubt an den historischen Dampfrössern.

Im Sommer fahren viele Ausflügler, insbesondere Familien mit Kindern, mit der nostalgischen Bahn. Aber es gibt auch eine ganz andere Klientel, die alljährlich Fond-de-Gras zu ihrem ganz speziellen Mekka macht. »Hier findet jährlich Ende September eine große Steampunk-Convention statt. Da kommen Menschen aus ganz Europa oder Nordamerika. Alle sind sehr exzentrisch kostümiert.

Steampunks im Retro-Look

Das ist ein sehr interessantes Spektakel«, erklärt Koordinator Frédéric Humbell. Steampunk – bitte was? Was Dampf und Punk miteinander zu tun haben, erschließt sich dem unkundigen Laien nicht sofort. Bei der jungen Bewegung handelt es sich jedoch um Personen, die quasi dem mechanischen Zeitalter frönen und sich auch so kostümieren. Gerne mit Zylinder, Monokel, Rüschenhemd, Frack, Weste, Gehstock und was man sonst noch gegen Ende des 19. Jahrhunderts so getragen hat. Um das Ganze aufzupeppen und einen Kontrast zu setzen, kommen Accessoires einer imaginären post-apokalyptischen Ära hinzu. Beispielsweise Gasmasken, verspiegelte Sonnenbrillen, bizarre Waffenattrappen, bei den Damen auch gerne Korsagen oder Bemalungen. Es sieht, zumindest beim männlichen Teil der Retro-Subkultur so aus, als würde man beispielsweise Abraham Lincoln mit den Figuren der Science-Fiction-Klassiker Blade Runner und Mad Max optisch und kostümtechnisch vereinigen. Weltenflucht im 21. Jahrhundert der Anhänger einer Underground-Kultur, die Anklänge an Gothic und Techno aufweist und literarische Bezüge zu den frühen Science-Fiction-Autoren des viktorianischen Zeitalters wie H.G. Wells oder Jules Verne hat. »Das ist jedes Mal ein großartiges Erlebnis, visuell eine echte Attraktion«, sagt Vereinskoordinator Frédéric Humbell, der mit seiner nostalgischen Schiebermütze ebenfalls durchaus ein Faible für die Historie erkennen lässt.

Die Abfahrt des Train 1900 ist jeweils auf dem CFL-Bahnhof in Pétange (rue de Niederkorn). Die Fahrt von Pétange nach Fond-de-Gras dauert etwa 25 Minuten. Die Dampflok fährt vom 1. Mai bis zum 28. September jeweils an Sonn- und Feiertagen. Ticket: 9 Euro, ermäßigt: 6 Euro. Zudem fährt die Minen-Bahn in derselben Zeitspanne ebenfalls an Sonn- und Feiertagen zwischen Fond-de-Gras und dem ehemaligen Arbeiterdorf Lasauvage. Eintritt: 5,50 Euro, ermäßigt: 4 Euro. Pétange (deutsch Petingen/ luxemburgisch Péiting) liegt im Süden Luxemburgs an der A5. Im Ort ist der Train 1900 ausgeschildert. ☎ 00 352 / 26 50 41 24, Internet: www.fdg.lu.

33 Kunstvoller Schmuck aus Lothringen

Bijoutiere aus der Region Nancy stellt Fantasievolles aus Emaille her / Beeinflusst von Art nouveau

»Es macht mir einfach Spaß neue Dinge zu erschaffen und kreativ zu sein. Zudem liebe ich das Haptische und die manuelle Arbeit ohnehin«, betont Christine Baberet aus Malzéville aus dem Großraum Nancy. Die Lothringerin betreibt eine kleine Manufaktur mit Namen Les Z'arts D'or zur Herstellung von Schmuck. Vor allem vom Art nouveau (Jugendstil) des nahen Nancy lässt sich die Goldschmiedin gerne inspirieren. »Die École de Nancy ist natürlich prägend für Kunst und Architektur unserer Region. Vor allem Dinge aus der Natur wie florale Motive begeistern mich sehr«, sagt Christine Baberet und deutet auf eine Kollektion ihrer Schmuckstücke, die sie aus Emaille, Weißblech, Montblanc-Harz oder Silber herstellt. Auch der Orient und dessen Kunstfertigkeit sei eine Quelle der Inspiration für sie. Ihrer Fantasie sind bei ihren Ringen, Ohrringen, Halsketten, Armreifen oder Broschen kaum Grenzen gesetzt.

Die Kunsthandwerker Christine Baberet und Miguel Bachir aus Malzéville.

Oft ist Christine Baberet auf Märkten im Elsass oder Lothringen unterwegs, wo sie ihre Juwelierswaren anbietet. Unterstützung erhält sie dann von ihrem Kollegen Miguel Bachir. Der Franzose mit nordafrikanischen Wurzeln ist für die Beschaffung des Rohmaterials zuständig. An seiner Kollegin schätzt Miguel Bachir vor allem ihren Einfallsreichtum. »Die Dinge, die sie herstellt, haben ein ganz eigenes Design. Sie wirken wie historische Gegenstände, oft gibt es Bezüge zur Renaissance. Das ist alles sehr kunstvoll und gut verarbeitet.« Christine Baberet, die einen deutschen Großvater hat, schätzt die vielfältigen Ausdrucksmöglichkeiten, welche ihr die kleine Manufaktur bietet. »Ich mache das schon viele Jahre. Aber mir macht es noch Spaß wie am ersten Tag. Vor allem freut es mich, wenn die Augen meiner Kundinnen funkeln, wenn sie eines meiner Geschmeide anprobieren. Meist sind es ja die Frauen, die das Schöne lieben«, sagt die Designerin lachend. Im Hinterraum ihrer Bijouterie in Malzéville im Arrondissement Nancy hat sie ihr kleines Atelier, wo sie lötet, schmiedet, nietet, graviert und sich neue Kreationen ausdenkt.

Schmuck von Les Z'arts D'or: Halskette und Ohrringe mit floralen Motiven.

In dem 9000 Einwohner zählenden Städtchen am Fluss Meurthe gibt es auch einen Museumspfad, der sich mit Architektur und Malerei auseinandersetzt. Einst zählte der Ort im Département Meurthe-et-Moselle zur Burgvogtei und Propstei von Nancy. Heute ist die Gemeinde in Ostfrankreich selbstständig. »Für mich ist hier der richtige Ort, um meiner Handwerkskunst nachzugehen und Armreife, Ringe, Broschen oder Accessoires herzustellen. Hier kann ich in aller Ruhe an meinen Kreationen feilen. Wenn ich große Kultur haben will, dann fahre ich eben die paar Kilometer rüber nach Nancy. Das passt einfach wunderbar«, sagt die Goldschmiedin zufrieden.

Die Bijoutierie Les Z'arts D'or befindet sich in 40 rue Sadi Carnot in Malzéville, ☎ 00 33 / 3 83 36 26 53. Die Kommune Malzéville ist ein Nachbarort von Nancy und über die D32 erreichbar. Malzéville wurde erstmals im 11. Jahrhundert erwähnt, die Region nennt sich »terre fertile« (übersetzt: fruchtbares Land). Christine Barbaret ist mit ihrem Schmuck im Sommer oft auf Märkten in Ostfrankreich unterwegs, wo sie ihre kunsthandwerklichen Waren verkauft.

34 Gemeinsames historisches Erbe

Die Burganlage von Sierck-les-Baines befindet sich in europäischem Kerngebiet / Verein will Wissen weitergeben

Langweilig wird es Robert Stypulkowski und Beatrice Reimeringer wohl so schnell nicht. Die beiden sind in der Vorstandschaft des Fördervereins der Burg Sierck-les-Baines im Dreiländereck Frankreich, Luxemburg, Deutschland aktiv. Und da der 1996 gegründete Verein gerade mal 15 aktive Mitglieder umfasst, geht die Arbeit an der Burganlage aus dem 10. Jahrhundert, die über der Moselschleife thront, quasi nie aus. »Es geht hier um das historische Erbe unserer Region, das gleichzeitig auch unser gemeinsames europäisches Erbe ist. Wir möchten dieses Wissen an nachfolgende Generationen weitergeben«, erklärt Robert Stypulkowski, der zudem stellvertre-

Im Dreiländereck Frankreich, Luxemburg, Deutschland thront die Burganlage.

tender Bürgermeister von Sierck-les-Baines ist. Der Ingenieur, der im nahen Atomkraftwerk Cattenom arbeitet, ist eher für die technische Seite der Restaurierung der imposanten Burganlage zuständig. Für das historische Wissen steht seine Kollegin Beatrice Reimeringer parat. Als Fremdenführerin ist sie mit der Geschichte der lothringischen Festungsanlage bestens vertraut. Auch sie hat das Interesse an der Historie ins Ehrenamt gelockt. »Dieses Städtchen mit seiner Burg war geographisch und strategisch seit jeher von großer Bedeutung. Einst stand Sierck unter der Herrschaft der Bischöfe von Trier, ehe es im 11. Jahrhundert in den Besitz der Herzöge von Lothringen gelangte. 1661 schließlich kam der Ort unter die französische Krone«, betont die Saarländerin, die schon viele Jahre in Lothringen lebt. Auch die nicht weit entfernte Burg Malbrouck in Manderen wurde von der Herrschaftsfamilie Sierck errichtet. »Arnold der Alte hatte die Burg Malbrouck einst erbaut. Sein Sohn Jakob wurde im Übrigen später Erzbischof von Trier«, fügt sie hinzu. Die Burg von Sierck im Département Moselle nördlich von Thionville entstand im 10. Jahrhundert. Die Herrschaft der Familie von Sierck währte bis Anfang des 16. Jahrhunderts. Bis zum Dreißigjährigen Krieg hielt der Aufschwung an, danach verloren die Stadtbefestigungen und die Burg ihre strategische Bedeutung. 1785 wurde das Moselufer befestigt und die Stadtmauern abgerissen. Das heutige Erscheinungsbild der Burganlage ist vor allem geprägt durch den Erweiterungsbau des bekannten französischen Festungsbaumeisters Vauban Ende des 17. Jahrhunderts. Er ließ eine massive Mauer mit Bastionstürmen und Schanzen um die Ruine der Kernburg anlegen. So entstanden unter anderem ein Pulverturm sowie etliche Kasematten. Der Schallturm, in dessen Kellergewölbe einst der Kerker untergebracht war, ist mit der Stadtmauer verbunden. Als originales Gebäude ist neben der Backstube noch die Offiziersmesse erhalten. Im Museum sind zahlreiche Ritterrüstungen, Waffen und Replikas sowie Karten der damaligen Zeit zu entdecken. Auf dem Plateau der Burg sind heute noch der Stumpf des Bergfrieds und die Außenwand des Rittersaals zu erkennen. Auf alten Karten lässt sich weiterhin feststellen, dass die Häuser die Stadtmauer bildeten und im Erdgeschoss keine Eingänge zur Mosel hin aufwiesen. Jeweils im Sommer findet ein großes Mittelalterfest in dem 1700-Seelen-Städtchen statt, das viele Besucher des Dreiländerecks anlockt. Auch der Denkmaltag des regionalen Erbes wird jährlich entsprechend zelebriert. Derzeit wird an der Burganlage auf dem Bergkamm mit einem beeindruckenden Blick über die Mosel die Festungsmauer restauriert. »Knapp zwei Millionen Euro haben die Region Lorraine, das Département Moselle und der französische Staat für die Arbeiten bereitgestellt. Das ist auch dringend notwendig. Ein Teil der Mauer war eingerissen. Wir haben hier eigentlich

Beatrice Reimeringer und Robert Stypulkowski vom Fördervereins der Burg.

eine intakte Anlage und keine Ruine. Wir sollten erhalten, was unsere Ahnen uns gegeben haben«, betont Beatrice Reimeringer. Rund 20.000 Menschen aus dem nahen Luxemburg, dem Saarland und Frankreich besuchen die Festung jährlich, die in kommunalem Eigentum ist – darunter etliche Schulklassen aus der Region. »Es ist wichtig, dass die Schüler etwas über ihre Vergangenheit erfahren. Die Historie hilft dabei, die Gegenwart zu verstehen und der Zukunft zugewandt zu sein. In dieser Region wurde Geschichte geschrieben: Schengen liegt um die Ecke, hier ist die Basis der Europäischen Union. Wir befinden uns mitten im europäischen Herzland«, sagt Vereinschef Robert Stypulkowski.

Seine Kollegin ist nicht nur im Vorstand des Fördervereins aktiv, sie arbeitet auch im Freundeskreis der historischen Altstadt mit. Deren Ziel ist es, den gewachsenen, unter Denkmalschutz stehenden Kern von Sierck-les-Bains zu erhalten. »Da gibt es zuweilen Probleme mit Gewerbetreibenden oder Anwohnern, die ihr Eigenheim umbauen wollen. Aber das geht eben oft nicht, weil sonst der Blick auf die Burganlage verstellt würde oder Fassaden nicht mehr passend wären. Das wollen manche Eigentümer nicht verstehen. Aber unser gemeinsames historisches Erbe sollte doch wichtiger sein als Einzelinteressen von Bürgern«, meint die engagierte Frau überzeugt.

Blick vom Château auf die Moselschleife.

Sierck-les-Bains befindet sich nordöstlich von Thionville unmittelbar an der Grenze zu Luxemburg und dem Saarland (an der D654). Die Burg thront majestätisch über dem Städtchen. Von oben hat man einen herrlichen Blick auf die Moselschleife. Jedes Jahr im Sommer findet in dem Château des Ducs de Lorraine (Schloss der Herzöge von Lothringen) ein großes Mittelalterfest statt. Geöffnet ist die Burganlage jeweils vom 1. Mai bis 30. September. Montag bis Samstag von 10 bis 18 Uhr, an Sonn- und Feiertagen von 10 bis 17 Uhr. Im März, April, Oktober und November gelten andere Öffnungszeiten. Eintritt: 5 Euro, ermäßigt: 3,50 Euro. Internet: www.chateau-sierck.com. Es lohnt sich auch ein Besuch im nahen Château de Malbrouck (Manderen). Die nur wenige Kilometer entfernte Burg, die historisch mit Sierck verbunden ist, bietet das ganze Jahr über Workshops, Ausstellungen und Führungen.

35 Einer der Letzten seiner Zunft

Traditionsmanufaktur für Faïencen in Niderviller / Edle Keramikwaren vom Rande der Nordvogesen

Wenn man so will, dann ist Pascal Dieda so etwas wie der letzte Mohikaner. Der 56-Jährige arbeitet in der traditionsreichen Faïencerie von Niderviller westlich von Phalsbourg. Die Ursprünge der

Pascal Dieda ist der letzte Keramikarbeiter in der Manufaktur.

Steingut-Fabrik gehen bis ins Jahr 1735 zurück. Einst produzierten hier viele Hundert Mitarbeiter edle Keramikwaren: Tischgeschirr, Vasen, kleine Figuren, Obstschalen, Teller oder Tassen in einer der ältesten Keramikwerkstätten Lothringens. Ein Steinbruch mit rotem Ton, Holz aus den umliegenden Wäldern, Wasser der Flüsse und Bachläufe der Region – alles das ist hier am Rande der Nordvogesen in Hülle und Fülle vorhanden und machten die Manufaktur dank dieser Ressourcen und dem kunsthandwerklichen Geschick seiner Mitarbeiter zu einer Premiummarke im 18. und 19. Jahrhundert. Mittlerweile ist Pascal Dieda, dessen Fabrik in einem baufälligen Château mit einem verwunschen wirkenden Entree beherbergt ist, der Letzte seiner Zunft. Insgesamt arbeiten für das Unternehmen noch 27 weitere Mitarbeiter in verschiedenen Manufakturen und Verkaufsstandorten (Saargemünd, St. Clement, Lunéville, Vallerysthal und Portrieux) im Département Moselle. »Ich kann mich noch gut daran erinnern, als hier noch sehr, sehr viele Menschen gearbeitet haben. Jetzt bin ich alleine. Die Leute legen heutzutage eben nicht mehr so viel Wert auf hochwertiges, handgemachtes Geschirr. Die schauen nur noch auf den Preis und geben ihr Geld für andere Dinge aus. Reisen oder technische Geräte«, sagt der Mann, der bereits seit fast 40 Jahren in Diensten der Manufaktur steht.

In der Werkstatt geht es eher übersichtlich zu. Viele altertümliche Maschinen sieht man, denn über die Jahrzehnte hat sich nur wenig in der Produktionsweise verändert. Regale voll mit halb bearbeiteter Ware reihen sich in dem Atelier aneinander. Die Begeisterung für Ton und Keramik hat den gebürtigen Lothringer bis heute nicht verlassen. »Bei 1020 Grad wird das Steingut zwei Tage lange gebrannt. Das ist alles reine Handarbeit, was ich hier mache. Es ist eine haptische Arbeit und sehr kreativ. Ich mag das nach wie vor. Die Ausarbeitung der ganzen Details. Das ist alles sehr filigran«, sagt er, während er die Grundsubstanz zurechtschneidet und dann an einer Töpferscheibe knetet. Basis der Faïence ist ein rötlicher bis bräunlicher Ton. Um dem Weiß des Porzellans nahezukommen, einen geeigneten Malgrund zu schaffen und die Oberfläche schmutzunempfindlich zu machen, wird eine Glasur aufgebracht. Zu diesem Zweck wird die Keramikware zu einer anderen Manufaktur in Moselle gebracht. Zuvor wird die geformte Ware bei etwa 800 Grad einem ersten Ofendurchgang unterzogen. Auf den porösen Ton wird durch Eintauchen ein wässeriger Glasurbrei aus Zinnoxid aufgetragen. Die als Überzug auf dem Stück haftengebliebene Glasurmasse wird bei einem zweiten Brand anschließend bei 1020 Grad verarbeitet. Vor dem Glasurbrand werden nach dem Trocknen des noch matten Überzugs sogenannte Scharffeuerfarben – wegen der hohen Temperaturen ist dies auf Kupfergrün, Kobaltblau, Antimongelb, Manganviolett, Braun und Schwarz beschränkt – als farbige Muster aufgetragen. Während des zweiten Brands, des sogenannten Garbrands, schmilzt dann die Glasur zu einem glatten weißen Überzug und die Farben treten deutlich hervor.

Das verwunschen wirkende Entree des Geschäfts in Niderviller.

Pascal Diedas Chef Marc Kergoat darf sich freuen, dass es noch eine treue Klientel für die ebenso repräsentativen wie hochpreisigen Produkte aus Niderviller gibt. »Wir haben neben Frankreich viele Kunden aus Russland, den USA und Japan«, erklärt der Geschäftsführer. Vornehmlich eine gut betuchte Kundschaft, die kunsthandwerklich hergestellte Keramik des Grand Siècle – sehr verspielt, sehr filigran, sehr repräsentativ – zu schätzen weiß. Es ist im Übrigen nicht so, dass in den Jahrhunderten zuvor trotz des hohen Renommees alles für die Traditionsmanufaktur rund lief. Verheerende Brände in den Werkstätten oder Schulden durch Missmanagement sorgten immer wieder für wirtschaftliche Rückschläge. Und dann stand ja auch noch die Französische Revolution auf der Agenda der Welthistorie. Der damalige Inhaber der Faïencerie, der Graf von Custine, geriet, wie viele Aristokraten während der Terrorherrschaft der Jakobiner, unter das scharfe Messer der Guillotine. Die Manufaktur stand im wahrsten Sinne des Wortes kopflos da. Firmenchefs kamen und gingen über die Jahre. Später, im Zeitalter der Industriellen Revolution, wurde die Produktionslinie von »SA Faïence Niederviller« um die Herstellung von Kopfsteinpflastern erweitert. In jedem Falle: Auch im Hier und Heute ist sich Geschäftsführer Marc Kergoat sicher, dass es noch genügend Abnehmer mit Sinn für Historie für die Luxusware aus der Nähe von Sarrebourg gibt. Dafür ist er unermüdlich auf Messen rund um den Globus unterwegs, um die Ware aus Lothringen im Ausland bekannter zu machen und die Traditionsmanufaktur erfolgreich in die Zukunft zu transformieren.

Prunkvolles Tafelgeschirr, das etwas aus der Zeit gefallen anmutet.

Niderviller liegt unweit von Buhl-Lorraine (N4/D45). Das Ladengeschäft in Niderviller (1 rue de la Faïencerie) liegt zentral in dem 1200-Seelen-Ort an einer Biegung. Auf dem Parkplatz geht man nach links durch einen kleinen Waldweg zu einem Château, an dem etwas die Zeit genagt hat (in der 1. Etage ist der Verkaufsraum). Auf den ersten Blick würde man dort kein Geschäft vermuten. Die Faïencerie hat jeweils von Dienstag bis Samstag von 10 bis 12 Uhr und von 13 bis 17.30 Uhr geöffnet. ☎ 00 33 / 3 87 23 80 04. Internet: www.terresdest.fr. Zu Niderviller zählen weitere Manufakturen in Saargemünd, St. Clement, Lunéville, Vallerysthal und Portrieux.

36 Die mächtigen Grafen von Vianden

Eine der größten erhaltenen Burgen westlich des Rheins / Feudale Residenz im Osten Luxemburgs

Die Burg Vianden wurde vom 11. bis zum 14. Jahrhundert auf den Fundamenten eines römischen Kastells und eines karolingischen Refugiums gebaut. Geprägt von den Hohenstaufen, handelt es sich bei dem Schlosspalast um eine beeindruckende feudale Residenz der romanischen und gotischen Zeit. Die Anlage ist zudem eine der größten erhaltenen Burgen westlich des Rheins. Die Grafen von Vianden waren bis ins 15. Jahrhundert die mächtigsten Herren zwischen Rhein, Mosel und Maas. Von 1417 bis zur Französischen Revolution war die Burg im Besitz des Hauses Oranien-Nassau. Bis zum 15. Jahrhundert war die Burg der Wohnsitz der Grafen, die beste Beziehungen zum deutschen Kaiserhof pflegten und deren bedeutendster Graf Heinrich I. mit einer Blutsverwandten der Kapetinger (fränkischstämmiges Adelsgeschlecht) verheiratet war. 1417 wurden die Grafschaft und das Schloss der jüngeren Linie des deutschen Hauses Nassau vererbt, an welche 1530 ferner das französische Fürstentum von Oranien fiel. Die Kapelle und der kleine Pallas zählen zu den bemerkenswertesten Räumen des Schlosses. Sie wurden Ende des 12. Jahrhunderts erbaut. Der Jülicher Bau, westlich des großen Palastes, sowie der Nassauer Bau entstanden zu Beginn des 17. Jahrhunderts. 1820, unter der Herrschaft von Wilhelm I., König der Niederlande (Prinz von Oranien-Nassau), wurde das

Auf den Fundamenten eines römischen Kastells erbaut: die Burg von Vianden.

Schloss versteigert und verfiel zusehends. 1890 ging das Schloss an Großherzog Adolf der älteren Linie des Hauses Nassau und blieb im Besitz der großherzoglichen Familie, ehe es 1977 an den Staat Luxemburg fiel. Es wurde anschließend komplett restauriert und zählt heute zu den bedeutendsten Baudenkmälern Luxemburgs.

Die gesamte Schlossanlage bildet eine Einheit in einer Gesamtlänge von rund 90 Metern, die von einer gewaltigen Befestigungsmauer umgeben ist. In der Waffenhalle, die den ehemaligen Innenhof einnimmt, wurde die Eichenbalkendecke durch ein gotisches Gewölbe ersetzt. Fast sämtliche der 43 Gurt- oder Mauerbögen sind verschieden – eine für das 13. Jahrhundert beachtliche bautechnische Leistung. Man sieht in der Waffenhalle unter anderem prunkvoll verzierte Harnische, Kanonenkugeln oder einen Pranger. Beeindruckend sind außerdem die Krypta, die untere Kapelle und die Ritterstube. Letzteres war ein étuve (ein beheizbarer Raum). Das Gratgewölbe ruht auf 14 Schiefersäulen. In dem Raum sind zwei Kettenhemden ausgestellt, die einst im italienischen Arezzo des 14. Jahrhunderts kunstvoll geschmiedet und vernietet wurden. Man sieht ferner Musketen, die von Büchsenmachern vor Ort in Vianden konstruiert wurden. Auch ein Zweihänder, die Waffe der Fußsoldaten, ist dort zu begutachten. Das Schwert diente vornehmlich der Verteidigung von belagerten Städten. Von der Waffenhalle führt eine Treppe zur Byzantinischen Galerie mit einer reichlich verzierten Saalpforte und prachtvollen Kleeblattfenstern. Beeindruckend ist auch der Bankettsaal mit einem aus dem 15. Jahrhundert stammenden Kamin, der die restaurierten Wappen von Nassau und von Looz (belgisches Adelsgeschlecht) zeigt. Ein lothringischer Eichen-

▲ Gepanzerter Harnisch in der Waffenhalle.

▼ Kanonenkugeln gehörten auch zum Arsenal.

schrank im Renaissancestil aus dem 18. Jahrhundert, Faltstühle aus Buchenholz, flämische Kronleuchter und diverse Kupferstiche machen den Raum zu einem echten Gesamtkunstwerk. Als nächstes betritt man ein Schlafgemach. Darin erblickt man ein prunkvolles Bett mit Baldachin aus Burgund, einen Barock-Eichenschrank, einen neogotischen Katheder, eine vierhundert Jahre alte Truhe aus Straßburg oder beispielsweise eine Wiege aus dem 19. Jahrhundert. Das Stammbaumzimmer im Nassauer Haus zeigt einige Wappen und eine genealogische Tafel der Herrscher von Vianden, Nassau und Oranien. Freilich ebenfalls einen Blick wert ist die Herrschaftsküche mit dem großen Rauchfang. Dort sind Geschirr mit deutscher und französischer Inschrift, zahlreiche Kellen, Kesselhaken, Steingut und Koch-Utensilien zu begutachten. Opulent ist naturgemäß auch der große Rittersaal der Burg mit Gotik- und Renaissancemöbeln, Rüstungen aus Toledo sowie diversen Statuen.

Innenhof mit Wehrgang.

Vianden (luxemburgisch: Veianen) liegt im Osten von Luxemburg und ist über die B50 von Bitburg aus zu erreichen. Die Burg hat ganzjährig geöffnet (nur am 1. Januar, 2. November und 25. Dezember geschossen). Im Früh- und Spätjahr von 10 bis 17 Uhr, im Frühling und Sommer von 10 bis 18 Uhr. Eintritt: Erwachsene: 6 Euro, Senioren: 5 Euro, Kinder: 2 Euro. Es gibt Gruppentarife und Audioguides auf Deutsch. Jedes Jahr findet hier Ende Juli eine Woche lang das größte mittelalterliche Festival Luxemburgs mit Minnesängern, Gauklern, Falknern, Ritterlagern, Musik und Tanz statt. Internet: www.castle-vianden.lu. Empfehlenswert ist auch ein Besuch im Literaturmuseum Victor Hugo in Vianden. Der populäre französische Schriftsteller des 19. Jahrhunderts (»Der Glöckner von Notre-Dame«, »Les Misérables« etc.) pflegte eine enge Beziehung zu dem historischen Städtchen. Internet: www.victor-hugo.lu.

37 Metz – die leuchtende Stadt

Kapitale Lothringens ist aus honiggelbem Sandstein erbaut / Nachts sind bedeutende Gebäude prachtvoll beleuchtet

Ein wenig steht Metz im Schatten des glamouröseren Nachbarn Nancy. Keine Frage, die 125.000 Einwohner-Stadt ist eher eine Liebe auf den zweiten Blick. Aber eine, die in der Regel Bestand hat. Es ist vor allem der honiggelbe Jaumont-Stein, der die Kapitale von Lothringen prägt. Der Sandstein entstand im Jura-Zeitalter. Jaumont respektive Jaune mont heißt übersetzt: Stein vom gelben Berg. Der »Metzer Sonnenstein« wurde auch von Kaiser Wilhelm I. geschätzt, als die Stadt zum Deutschen Kaiserreich zählte. Viele repräsentative Gebäude, wie die Kathedrale, das Rathaus, das Porte des Allemands oder das Theater, sind aus dem kalkhaltigen Sandstein erbaut. Ein weiteres Attribut, das Metz bestens beschreibt, lautet leuchtend, denn am Abend werden bedeutende Gebäude illuminiert. Das architektonische Erbe wird so glanzvoll ins rechte Licht gerückt, was der Stadt eben auch den Beinamen Ville Lumière beschert hat. Als »leuchtendes Beispiel« könnte man Metz auch in seinem historischen Erbe sehen. Ein Spaziergang durch die Stadt gleicht einer Reise durch die Jahrhunderte. So sind beispielsweise zahlreiche Spuren aus der Zeit der Römer erhalten. Relikte sind in den Museen der Stadt oder an Orten wie der Klosterkirche

Der bei Nacht illuminierte Stephansdom.

Saint-Pierre-aux-Nonnains, einer der ältesten Kirchen Frankreichs aus dem 4. Jahrhundert zu sehen. Etwas später wurde Metz zur Wiege der Karolinger und entwickelte sich zu einer künstlerischen und kulturellen Hochburg Europas. Zwischen dem 12. und dem 14. Jahrhundert erwarb Metz als freie Stadt des Heiligen Römischen Reiches den Ruf eines wichtigen Handelsplatzes. Im 18. Jahrhundert entstanden bedeutende Plätze und Bauten wie der Place d'Armes, das Theater oder der Justizpalast. Nach dem deutsch-französischen Krieg von 1870/71, als das Département Moselle mit dem Elsass als deutsches Reichsland annektiert wurde, begannen, ähnlich wie in Straßburg, umfangreiche Baumaßnahmen. Das Kaiserviertel (mit dem Hauptbahnhof als Beispiel wilhelminischer Baukunst) entstand und bietet noch heute zahlreiche Anschauungsbeispiele des deutschen Urbanismus gegen Ende des 19. Jahrhunderts. Hier präsentiert sich eine außergewöhnliche Bandbreite an Baustilen: Romanistik, Gotik, Barock, Renaissance, Art Déco und Jugendstil. Insbesondere mit dem wilhelminischen Erbe rund um den Bahnhof bewarben sich die Stadtväter 2007 um Aufnahme in das UNESCO-Weltkulturerbe. Das Quartier Imperial schaffte es jedoch

Aus gelbem Sandstein: die Oper von Metz.

nicht ganz auf die renommierte Liste. Nun will die Stadt, die mittlerweile das Label »Stadt der Kunst und der Geschichte« erhielt, das Ensemble bei einer erneuten Bewerbung etwas weiter fassen. Denn Metz und sein architektonisches Erbe stehen nach wie vor auf der Vorschlagsliste des französischen Staates für eine Aufnahme in das UNESCO-Weltkulturerbe. Zu den Aushängeschildern der Stadt zählt auch das vom spanischen Architekten der Postmoderne, Ricardo Bofill, erbaute Arsenal (ehemaliges Waffenarsenal, heute Kulturhalle) und die Oper – eines der ältesten Theaterhäuser Frankreichs. Und natürlich ist das Centre Pompidou ein echtes Highlight (siehe Kapitel 30). Der Stephansdom, ein Meisterwerk gotischer Kunst, besticht durch 6.500 Quadratmeter Kirchenfenster der un-

Die evangelische Kirche (Temple Neuf) liegt idyllisch an der Mosel.

terschiedlichsten Epochen, darunter auch Fenster von Marc Chagall. Seit über 50 Jahren wird jedes Buntglasfenster, jede Skulptur in akribischer Einzelarbeit restauriert, zudem die beeindruckende Außenhülle aus Jaumont-Stein aufwendig gereinigt. Das 42 Meter hohe Kirchenschiff zählt zu den höchsten im gotischen Kirchenbau überhaupt. Die Kapelle der Templer ist einzigartig in Lothringen.

Kulinarisch ist Metz für seine Quiche Lorraine berühmt, das wohl bekannteste Gericht der Region. Ein besonderes Highlight ist ferner das Mirabellenfest, das jeweils Mitte bis Ende August eines Jahres stattfindet. Rund 70 Prozent der weltweiten Mirabellenproduktion stammt aus Lothringen. Zum Mirabellenfest wird alles rund um die Frucht angeboten – von Mirabellenkuchen über Konfitüre bis zu Mirabellenschnaps. Und natürlich wird traditionell die Mirabellen-Königin gekürt. Einen malerischen Touch bekommt die Karolinger-Stadt durch die Mosel, die sich durch sie hindurchschlängelt und manches Quartier zu eine Art »Klein-Venedig« macht. Ebenso atmosphärisch sind die mittelalterlichen Arkaden und die Gässchen am Place St. Louis. Für Freunde des Trödels interessant: der Metzer Flohmarkt ist der zweitgrößte Flohmarkt Frankreichs (nach Paris) und findet ein- bis zweimal monatlich in den Hallen des internationalen Messezentrums statt. Auf 15.000 Quadratmetern findet man dort Möbel, Nippes, Bücher, Schmuck und Gemälde, alles hauptsächlich aus der Zeit um die Jahrhundertwende. Hier kann man noch echte Raritäten entdecken. Selbst aus Belgien, Luxemburg oder den Niederlanden reisen »Schatzsucher« an, um in der Expo-Halle ein Schnäppchen zu machen. Es hat etwas von einem Panoptikum für die Sinne. Man könnte es auch anders formulieren: Es ist wie eine Zeitreise zurück ins Fin de Siècle. Wohin das Auge auch blickt, es erkennt Porzellan, historische Möbel, Standuhren, Emailleschilder, alte Gemälde, Blechspielzeug, wertvolle Vasen, Militaria, ganze Bistroeinrichtungen oder Kurioses vergangener Zeiten.

Schnäppchensuche: Der Flohmarkt ist der zweitgrößte Frankreichs.

Metz ist zu jeder Jahreszeit eine Reise wert, aber ganz besonders zum Mirabellenfest im August. Mit dem TGV oder dem Pkw ist die Hauptstadt Lothringens (an der A31) bequem zu erreichen. Mehr Infos: www.tourisme-metz.com (auf Deutsch). ☎ 00 33 / 3 87 55 53 76. Der Flohmarkt in Metz (Expo-Halle Messe) findet zwanzigmal im Jahr statt – immer samstags von 7 bis 12 Uhr. Mehr Infos im Internet unter www.metz-expo.com, dann auf »marché aux puces« klicken.

38 Nancy und der Jugendstil

Art-Nouveau-Gebäude und prächtige Plätze kennzeichnen die lothringische Metropole / Stadt der goldenen Tore

Nancy, die einstige Hauptstadt der Herzöge von Lothringen, ist bekannt für ihr prächtiges architektonisches Ensemble aus dem 18. Jahrhundert. Seit 1983 zählen der Place Stanislas, der Place de la Carrière sowie der Place d'Alliance zum UNESCO-Weltkulturerbe. Der Place Stanislas mit seinem italienischen Ambiente, den Terrassen, Pavillons und Brunnen sowie seinen zahlreichen Schmuck- und Gitterelementen gilt als das Herz der Kapitale des Départements Meurthe-et-Moselle. Obendrein zählt der Platz (von 1752 bis 1755 errichtet) mit seinen vergoldeten Portalen zu den schönsten urbanen Plätzen Frankreichs, wenn nicht gar Europas. Deshalb wird Nancy zuweilen auch »Stadt der goldenen Tore« genannt. Konzipiert wurde die Anlage vom Hofbaumeister Emmanuel Héré. In seiner Mitte steht die Bronzefigur des Herzogs Stanislas, am Sockel des Standbilds liest man die Gravur: Stanislas dem Wohltäter, das dankbare Lothringen. Neben dem städtebaulichen Ensemble glänzt Nancy mit seinem kulturellen Erbe, denn der französische Jugendstil (Art nouveau), hat hier regelrecht Schule gemacht. Neben Pa-

Mitte des 18. Jahrhunderts wurde der prächtige Place Stanislas errichtet.

ris beherbergt Nancy das größte Jugendstil-Ensemble Frankreichs. Entstanden ist die École de Nancy an der Wende vom 19. zum 20. Jahrhundert. Als das Elsass und der Verwaltungsbezirk Moselle

Kunstvolle, vergoldete Schmiedearbeiten prägen den Platz im Herzen von Nancy.

1871 durch das Deutsche Reich annektiert wurden, flüchteten viele Intellektuelle und Künstler von dort ins französische Nancy. In diesem besonderen Klima entstand die »Neue Kunst«, die Art nouveau. Noch heute lassen sich die Spuren dieser Epoche durch die ganze Stadt verfolgen: Die Villa Majorelle, die Brasserie Flo Excelsior, die Handelskammer, Banken und Stadtvillen sind exemplarische Gebäude, die von der kreativen Kraft dieser Bewegung zeugen. Die Stadt der Herzöge Lothringens spielte eine wichtige Rolle innerhalb dieser Kunstbewegung und sie verband sich mit dem Handwerk. Das Kunstgewerbe (Glas, Keramik, Kunstschmiedearbeiten, Glasmalerei, Kunsttischlerei) sollte Teil des alltäglichen Lebens werden. Die Häuserfassaden wurden mit floralen Motiven verziert, die anmutig in die Höhe rankten. Die Natur in ihrer farbenfrohen Pracht war überall präsent.

Der wirtschaftliche Aufschwung der Stadt kam den lothringischen Künstlern zugute. Innerhalb weniger Jahre wurde Nancy eines der zehn wichtigsten Zentren der dekorativen Kunst in Frankreich. Die lothringischen Künstler hatten die Intention, das Kunstgewerbe aufzuwerten, um die strenge Grenze zu den sogenannten »reinen Künsten« (Architektur, Malerei, Bildhauerei) aufzuheben. Die Kunst sollte alle Lebensbereiche durchdringen und allen zugänglich gemacht werden. Die neue Bewegung ließ sich vor allem von der Natur inspirieren, die sie durch ihre Techniken in neue Formen goss. Bei dieser künstlerischen Suche spielte Émile Gallé (1846 - 1904) eine wichtige Rolle. Der berühmte Glas-Künstler verhalf dem aufkommenden Stil mit zum Durchbruch. Ab 1877 leitete er den Kristall- und Keramikhandel seines Vaters und entwickelte neue Formen und Dekors, wobei er sich von der Pflanzenwelt und seiner Vorliebe für alles Orientalische inspirieren ließ. 1889 bei der Weltausstellung in Paris sorgte er mit seinen Arbeiten für Furore. Gallé fand unter den Künstlern und Unternehmern in Nancy viele Anhänger – insbesondere die Möbel des Kunsttischlers und Glaskunstmeisters Louis Majorelle zeugen von der Erneuerung der Formen und des Dekors. Die Internationale Ausstellung Ostfrankreichs im Jahr 1909 war die letzte große Veranstaltung der École de Nancy, die mit dem Ersten Weltkrieg ein Ende fand. Das Jugendstilmuseum (Musée de l'École de Nancy) befindet sich im einstigen Wohnhaus Jean-Baptiste Eugène Corbins, der als Mäzen der Art-Nouveau-Bewegung auftrat und die Zeitschrift »Art et Industrie« herausgab. Das beeindruckende Masson-Esszimmer, ein Werk von Eugène Vallin, ist dort fast komplett ausgestellt. Ein Traum aus Holz und geschwungenen Formen, der wunderbar in J.R.R. Tolkiens Auenland passen würde. Weitere Unikate und wertvolle Exponate sind dort zu sehen, unter anderem das »Schlafzimmer der Villa Majorelle". Die Möbel, die aus japanischer Esche und Erlenholz gestaltet wurden, stellen ein außergewöhnliches Ensemble dar. Majorelle zeichnet sich in der Kunst der durchgehenden Linie, der Flüssigkeit der Formen und Details aus. Ein weiteres schönes Ensemble der Glaskunstwerke von Émile Gallé veranschaulicht das technische Können und die naturalistische Ausrichtung der künstlerischen Bewegung.

Absolut sehenswert ist auch die Villa Majorelle in der Nähe des Hauptbahnhofs. Hier findet man geflammtes Steinzeug in Form von Fliesen, Kaminbekrönungen oder Geländern mit etlichen Pflanzenmotiven. Die Kunstschmiedearbeiten wurden in den Werkstätten von Majorelle hergestellt: Hier wurde bewusst mit der Tradition des horizontalen symmetrischen Gebäudes gebrochen. Fenster und Außentüren wurden neu angeordnet. Bereits im Vorraum wird das Prinzip der Einheit, das den Jugendstilkünstlern wichtig war, durch die wiederholte Ver-

Die Villa Majorelle zählt zu den Vorzeigeexemplaren in Sachen Jugendstil.

wendung eines Silberblattmotivs auf vielen Einrichtungselementen hervorgehoben. Im Treppenhaus bringt der dynamische Schwung des mit Schnitzereien verzierten Geländers ein Gefühl von Wachstum und Bewegung zum Ausdruck. Im Esszimmer ist heute noch die Originaleinrichtung erhalten. Die Holztäfelungen und Möbel, die bei Majorelle aus dunklen Hölzern hergestellt wurden, sind mit einem Getreidemotiv geschmückt.

Unbedingt einplanen sollte man einen Besuch der 1911 erbauten Brasserie Flo Excelsior unweit des Hauptbahnhofs. Das mondäne Restaurant (in dem man auch hervorragend essen oder einen Café au lait trinken und dabei vor lauter Schauen ganz schnell die Zeit vergessen kann) gilt als Flagschiff der École de Nancy und lässt im Grunde jeden Besucher staunen. Fast wähnt man sich in die Zeiten von Orient Express, Zeppelin und Ozeandampfriesen zurückversetzt, wenn man im Jugendstilambiente mit den geschwungenen, floralen Motiven Platz nimmt und dabei unzählige Details des Art-Nouveau-Stils bewusst oder unbewusst wahrnimmt. Das honiggelbe Sandsteininterieur umschließt den Gast wie einen Kokon. Eigentlich kann man sich an dem stimmigen, wunderbar illuminierten Ensemble der Brasserie gar nicht satt sehen. Ein wahrer Augenschmaus und eine Art Zeittunnel zurück in das beginnende 20. Jahrhundert der heute etwas mehr als 100.000 Einwohner zählenden katholischen Bistumsstadt.

Das Musée de l'Ecole de Nancy befindet sich in 36-38 rue du Sergent Blandan, ☎ 00 33 / 3 83 40 14 86, Internet: www.ecole-de-nancy.com. Mittwoch bis Sonntag von10 bis 18 Uhr geöffnet. Eintritt: 6 Euro, ermäßigt: 4 Euro. Dort kann man auch Führungen in der Villa Majorelle (1 rue Louis Majorelle) buchen, die vom Musée de l'École de Nancy samstags und sonntags um 13.45/15 Uhr organisiert werden. Weitere Infos zur Villa Majorelle: ☎ 00 33 / 3 83 17 86 77. Der prächtige Place Stanislas ist der zentrale Platz von Nancy. Die Brasserie Flo Excelsior (www.brasserie-excelsior.com) befindet sich in 50 rue Henri Poincaré, in der Nähe des Bahnhofs. Ein Wort zur Historie: Nach dem Deutsch-Französischen Krieg von 1870/71 ist in der Literatur meist von der Annektierung Elsass-Lothringens durch das deutsche Kaiserreich die Rede. Korrekterweise müsste es heißen: Annektierung des Elsass und des Départements Moselle. Denn nicht ganz Lothringen wurde besetzt. Während Metz zum Deutschen Kaiserreich zählte, gehörte Nancy nach wie vor zu Frankreich. Mit dem badischen Karlsruhe verbindet Nancy eine der ältesten Partnerschaften zwischen einer französischen und deutschen Stadt (seit 1955).

39 Im felsigen »Bauch« des Großherzogtums

Die Bockkasematten der Stadt Luxemburg / Wenzelweg bietet pittoreske Aussichten / Im Palais Grand-Ducal residiert die großherzogliche Familie

Luxemburg hat nicht jeder Reisende unbedingt spontan auf der Agenda. Zu Unrecht. Denn das kleine Großherzogtum im Herzen Europas hat allerhand zu bieten. Schöne Landschaften wie die Kleine Luxemburger Schweiz (Kleines Müllerthal) im Osten des Landes, eine hervorragend museal aufbereitete Kohle- und Bergbautradition im französisch geprägten Süden des Landes, eine beeindruckende Museenlandschaft und natürlich die weithin strahlende Hauptstadt Luxemburg-Stadt im Zentrum des gar nicht so kleinen Großherzogtums wie man gemeinhin denkt (rund 550.000 Einwohner, 2600 Quadratkilometer). Hier gehen Tradition und Moderne eine gelun-

Besucher auf dem Bockfelsen in Luxemburg-Stadt.

Gibraltar des Nordens – so wird die Festungsstadt auch genannt.

gene Symbiose ein, wie der traditionelle Wochenmarkt auf dem zentralen Platz der Stadt, der Place Guillaume II, oder das moderne EU-Viertel auf dem Kirchberg mit diversen Gremien wie dem Europäischen Gerichtshof, dem Europäischen Rechnungshofs und der Europäischen Investitionsbank zeigen. Die etwas mehr als 100.000 Einwohner zählende Hauptstadt changiert permanent zwischen dem historischen Erbe einer in Stein gehauenen Festungsstadt und den verspiegelten Fassaden großer Bankengebäude sowie multinationaler Firmensitze. Und dazwischen thront der Großherzog der parlamentarischen Monarchie, der mitten im Zentrum in seinem Palais Grand-Ducal residiert. Die Stadt hat viele Facetten: originelle Einkaufsgeschäfte, atemberaubende Ausblicke vom Bockfelsen, reichlich Kultur und eine eigene kulinarische Identität zwischen Frankreich und Mosel. Und, was auch nicht jede Stadt zu bieten hat: Ein Fahrstuhl im Fels verbindet Ober- mit Unterstadt. Dort unten befindet sich mit dem Stadtteil Grund das Alternativ- und Kneipenviertel der kleinen EU-Metropole. Hier ermittelt zuweilen auch der Detektiv mit Kochhaube, Xavier Kieffer – eine Romanfigur erfunden von Tom Hillenbrand. Der Autor hat Luxemburg als Schauplatz seiner kulinarischen Krimis gewählt. In der Unterstadt in Clausen steht Kieffers fiktives Restaurant »Deux Eglises«. Und auch von den Einheimischen werden die Krimis gerne gelesen, wie man im Gespräch immer wieder erfährt. Zu dem Sehenswerten in der Festungsstadt zählen zweifellos die Bockkasematten. Ein Wort zur Historie der in Fels gehauenen Höhlen und Durchgänge: Im Jahr 963 errichtete Graf Siegfried auf dem Bockfelsen eine Burg, die Grundlage für die spätere Stadtgründung war. Im Lauf der Jahrhunderte wurden gewaltige Ringmauern im Westen angelegt, welche die Burgunder jedoch nicht daran hinderten, die Stadt 1443 einzunehmen. Von da an ging Luxemburg für etwa 400 Jahre an fremde Herrscher über. Die Festungsingenieure der neuen Herren (Burgunder, Spanier, Franzosen, Österreicher, Deutscher Bund) machten aus der Stadt eine der stärksten Festungsanlagen der Welt – daher wird die Hauptstadt gerne auch »Gibraltar des Nordens« genannt. Die erste Anlage, die Petrusskasematten, wurden 1644 unter spanischer Herrschaft angelegt. Offizieller Baubeginn der Bockkasematten war 1745 – ausgeführt von österreichischen Ingenieuren. Zuvor hatte der geniale französische Militäringenieur Vauban die in den Fels getriebene Befestigung erweitert. Kaiser Joseph II. von Österreich (1781) und Napoleon Bonaparte (1804) zählten zu den prominenten Besuchern der Anlage. Die Verteidigung wurde gewährleistet durch drei befestigte Gürtel mit 24 Forts und 16 Werken sowie durch ein gewaltiges unterirdisches, 23 Kilometer langes Höhlensystem. Jenes gewährte nicht nur Tausenden von Soldaten Schutz, sondern beherbergte auch Werkstätten, Küchen, Bäckereien, Schlachthäuser und etliches mehr. 1867 musste die Festung geräumt und anschließend geschleift werden, da Luxemburg sich zur Neutralität verpflichtete. Es war jedoch unmöglich, die Kasematten zu sprengen, ohne einen Teil der Stadt zu gefährden. Man beschränkte sich darauf, die Hauptverbindungen und Haupteingänge zu schließen, sodass noch17 Kilometer Kasematten verblieben, stellenweise auf mehreren Stockwerken verteilt. Gewaltige Treppen sind bis zu 40 Meter tief in die Felswände getrieben. Während der beiden Weltkriege dienten die Kasematten auch als Schutzbunker für die Bevölkerung. Die beeindruckende Anlage im Berginnern mit ihrem labyrinthischen Höhlensystem wird von rund 100.000 Personen pro

▲ Publikumsmagnet: das großherzogliche Palais.

▼ Grund – Idyllischer Stadtteil der Unterstadt.

Jahr besucht. Kanonenstellungen, Schießscharten, Burgbrunnen oder Minengang geben Einblick in das düstere Innenleben des UNESCO-Weltkulturerbes im »Bauch« der Kapitale.

Sehr schön ist auch der Wenzelweg entlang des Felsens. Der kultur- und naturhistorische Rundweg durchquert 1000 Jahre Luxemburger Geschichte. Die Panoramaroute geht durch die Kasematten, verbindet die Ober- mit der Unterstadt und bietet pitoreske Ausblicke auf die Stadt und die Befestigung. Man erblickt dabei den Bockfelsen, die Altstadt, die Wenzelsmauer, das Alzette-Tal oder die Abtei Neumünster. Sehenswert ist auch die Stadtresidenz des Großherzogs, das Palais Grand-Ducal, in der Innenstadt (unweit des zentralen Place Guillaume II). Das Gebäude hat eine der schönsten Fassaden der Stadt im Stil der flämischen Renaissance (16. Jahrhundert). Ursprünglich diente es als Rathaus, ab 1815 war es Sitz der Regierungskommission. Die prachtvollen Innenräume und prunkvollen Ausstattungen können während der Sommermonate, wenn die großherzogliche Familie im Urlaub weilt, besichtigt werden. Der großherzogliche Palast bildet bei offiziellen Besuchen den Ort für internationale Zusammenkünfte. Im Festsaal der ersten Etage finden offizielle Empfänge statt. Natürlich gibt es in der Kulturhauptstadt Europas von 2007 noch etliches mehr zu entdecken: das Museum für moderne Kunst, das Historische Museum, das Museum Dräi Eechelen im Fort Thüngen, das Bankenmuseum in historischem Gemäuer, die bereits erwähnte Abtei Neumünster, die Philharmonie in einem postmodernen Bau sind beispielsweise ebenfalls eine Visite wert.

Bockkasematten. Öffnungszeiten: 1. März bis 31. Oktober (jeweils 10 bis 17 Uhr). Eintritt: Erwachsene: 4 Euro, ermäßigt: 2 Euro. Es gibt Gruppentarife und Besichtigungen mit einem persönlichen Gästeführer. ☎ 00 352 / 47 96 27 09, Internet: www.lcto.lu. Wenzelweg. Tour: Jeden Samstag und Mittwoch um 15 Uhr. Start: Luxembourg City Tourist Office, place Guillaume II, Dauer: 2,5 Stunden (auf Deutsch, Englisch, Französisch). Tarif: Erwachsene: 15 Euro, Senioren: 13 Euro, Kinder: 7,50 Euro. Die Tickets sind beim City Tourist Office erhältlich. (Tel.- und Internet-Adresse s.o.). Palais Grand-Ducal (unmittelbar beim place Guillaume II, im Herzen der City). Besichtigungen von Mitte Juli bis Mitte August eines Jahres, täglich von11 bis 18 Uhr, mittwochs geschlossen. Eintritt: 7 Euro, ermäßigt: 3,50 Euro. (Info siehe City Tourist Office).

40 Marville und die Spanische Niederlande

Renaissanceeinfluss in mittelalterlichem Städtchen unweit von Belgien / Blütezeit zwischen 15. und 17. Jahrhundert / Neutralität sicherte Prosperität

Cécile Zienkiewicz führt durch das Städtchen Marville.

Ein gelungenes Beispiel für den Einfluss der spanischen Renaissance in Lothringen ist das Städtchen Marville südlich von Montmedy. Marville besitzt den zweithöchsten Bestand an denkmalgeschützten Gebäuden im Département Meuse (nach Bar-le-Duc). Insgesamt hat die Gemeinde 20 Objekte aufzuweisen, die als »monument historique« klassifiziert sind. Bestens mit der Geschichte des Ortes ist Cécile Zienkiewicz vertraut. Die Lothringerin führt Besucher durch das verträumte Städtchen unweit der belgischen Grenze, das von der Zeit fast irgendwie vergessen scheint. »In der Zeit der Renaissance hat Marville prosperiert. Die Wissenschaft und die Künste blühten auf. Es herrschte damals bereits ein relativ freiheitliches Klima«, erklärt sie bei einem Stadtrundgang. 2005 erarbeitete die Stadt einen Entwicklungsplan mit einer Schutzzone für das kulturelle Erbe, um so die historischen Gebäude angemessen zu pflegen und erhalten zu können. In dem mittelalterlichen Städtchen herrschte im 12. Jahrhundert Graf Theobald I. von Bar, welcher die Gräfin von Luxemburg heiratete. Im Gesetz von Beaumont wurden den Einwohnern zahlreiche Freiheitsrechte gewährt. Die Nachfahren traten ihr Erbe schließlich an die Grafen von Bar und Luxemburg ab. Dies hatte die ungewöhnliche Konstellation zur Folge, dass Marville mehrere Jahrhunderte sowohl zur Grafschaft Bar als auch zur Grafschaft Luxemburg zählte. Die Ära der »Les Terres communes« (übersetzt: gemeinsame Ländereien) hatte für Stadt und Einwohner den Vorteil, dass sie im Zeitalter der Feudalkriege neutral blieben und so von mancher Unbill und der immensen Zerstörungswut jener Epoche verschont blieben. Seine Blütezeit hatte Marville zwischen dem 15. und 17. Jahrhundert. Vor allem die Ära, als es kurzzeitig (wie die nahe Festungsstadt Montmédy) Teil der spanischen Niederlande war, hatte den Landstrich geprägt. Zahlreiche prunkvolle Gebäude wie die »maisons espangnoles« geben davon noch Zeugnis ab. Mit Spanische Niederlande wird das Gebiet der heutigen Niederlande, Belgiens, Luxemburgs und Teile Frankreichs zur Zeit der spanischen Herrschaft nach dem Dreißigjährigen Krieg 1648 bezeichnet. Man nannte das Gebilde auch Habsburgische Niederlande. Es ging letztlich um die Territorien der spanischen Linie der Habsburger. Seit dem Friedensschluss zwischen Frankreich und Spanien (dem sogenannten Pyrenäenfrieden von1659) kam Marville schließlich zu Frankreich. »Architektonisch ist neben der spanischen Renaissance auch der italienische Einfluss sichtbar. Die Stadt war recht wohlhabend. Diverse Privilegien und insbesondere die Neutralität sorgten für Wachstum und Gedeihen. Für mich ist jeder Rundgang eine Rückkehr in eine stolze Vergangenheit. Das Dorf birgt für mich nach wie vor Wunder«, sagt Cécile Zienkiewicz während sie über den für die Größe des Ortes stattlichen Marktplatz schreitet. Sie deutet auf diverse Patrizierhäuser und Türen des historischen Ensembles.

Von links nach rechts: dorische Säulen an einer Haustür; Renaissanceportal im Altstadtkern; Hausportal des Ritters Michel

»Dies war einst das Haus der Kaufleute. Es ist typisch für die Architektur der Renaissance. Die Fassaden zeigen dorische, ionische und korinthische Säulen.« Nicht weit entfernt davon befindet sich das ehemalige Haupttor der Stadt. Im Hotel Egremont werden vier Fenster einer Etage durch ionische, pfeilartige Formelelemente, die auf Stierköpfen ruhen, voneinander optisch getrennt. Beim einstigen Haus der Tuchhändler (erbaut 1524) sieht man am Eingangsportal im Renaissancestil reichhaltige Dekorationen, beispielsweise eine mit Stoff bekleidete Statue, welche die Schutzpatronin der Weber darstellt. Im Haus des Ritters Michel sieht man Loggien über zwei Etagen mit Szenen aus dem Alten Testament. Vom Gedanken

Loggien mit Szenen des Alten Testaments.

der Renaissance ist auch der historische Teil des Friedhofs erfasst. »Er ist einer der ältesten Friedhöfe Europas auf einem merowingischen Standort. Man sieht viele Abbildungen des Gevatters Tod. Während der Renaissance wurde sehr offensiv mit dem Abbild des Todes umgegangen«, sagt die Stadtführerin, während sie auf einen Christus in Fesseln in einem Bildstock deutet. »Es ist ein Werk aus der Schule von Ligier Richier, einem der bekanntesten Frührenaissance-Bildhauer im Département Meuse«, fügt sie hinzu. Historisch interessant sind neben der romanischen Friedhofskirche aus dem 8. Jahrhundert unter anderem auch die Kirche Saint-Nicolas, deren Bau im 13. Jahrhundert begann, sowie der Glockenturm im barocken Stil. 2009 erhielt die Kirche eine neue Orgel. Einen bizarren Anblick bietet das Beinhaus auf dem Friedhof mit unzähligen Totenschädeln. In den 1960er-Jahren diente das Renaissancestädtchen im Übrigen als Kulisse eines Maigret-Films des bekannten frankobelgischen Krimi-Autors Georges Simenon.

Das historische lothringische Städtchen Marville liegt an der E44 zwischen der Festungsstadt Montmédy, die ebenfalls einen Besuch wert ist, und Longwy (bekannt für seine Emaille-Produktion). Infos über das Renaissancestädtchen Marville gibt es bei Cécile Zienkiewicz, ☎ 00 33 / 3 29 88 10 10. Auch einen Besuch wert ist Bar-le-Duc (westlich von Nancy). Hier existiert das größte Renaissanceensemble im Département Meuse.

41 Die Bildersprache früherer Jahrhunderte

Épinal war einst Zentrum der Bilderbogenherstellung und Lithographie / Populäre Motive und Heiligenbilder als Vorläufer der Comics

Bereits Ende des 17. Jahrhunderts war Épinal als Zentrum der Papierproduktion die Hauptstadt der Bilderbogenherstellung in Frankreich. Seit 2003 existiert dort das Musée de l'Image, das jedes Jahr etwa 200.000 Besucher in die Vogesenstadt lockt. Rund 25.000 Bilderbögen, Holzschnitte und Bastelbögen ab dem Jahr 1796 sind dort zu begutachten. Viele von ihnen stammen von einem Pionier auf diesem Sektor, Jean-Charles Pellerin, dessen Bildsprache seinerzeit äußerst populär war. Die Ursprünge der Bilderbogenherstellung im Osten Frankreichs gehen darauf zurück, dass die Herzöge von Lothringen Pellerin das Privileg der Spielkartenherstellung gewährten. Hier wurden auch die Vorgänger der Tapete sowie kleine Bilderbücher gedruckt, die zuweilen mit Holzschnitten illustriert wurden. Zudem begann Pellerin ab 1800 Heiligenbilder herauszugeben. Ab 1805 stellte er Formschneider ein und circa zehn Jahre später hatte er bereits einen ansehnlichen Katalog mit mehr als 160 Bildern zusammengestellt. Populäre Motive wie Napoleon, die kaiserliche Familie oder Heilige bot er feil. Um das Jahr 1840 war er der erste Drucker im Osten Frankreichs, der seine Produktion mit Bildergeschichten von Theaterfiguren oder Hampelmännern auf eine kindliche Zielgruppe fokussierte. Um die Bildergeschichten zu verbreiten, stützten sich die Drucker neben lokalen Geschäften vornehmlich auf Hausierer. Die Handlungsreisenden verkauften die begehrten Objekte von Tür zur Tür überall im Land. Mit den handgerollten Drucken gingen sie auf Dorfmärkte und Plätze und kommentierten ihre Ware mit gesungenen Beschreibungen. Die Hausierer kamen in der Regel aus den Vogesen, vorwiegend aus dem Örtchen Chamagne bei Épinal. Die Bilderbögen nahmen quasi ewige Themen auf – die Entwicklung der Erde oder des Geldes, die Beziehung zwischen Mann und Frau, Erziehungsfragen, religiöse Themen, die Entwicklung von Handwerksberufen oder die Geschichte Frankreichs. Neben den bekannten religiösen

Motiven, die in Truhen und Schränke geklebt wurden, waren auch volkstümliche Erzählungen beliebt. So präsentiert sich das Logo des Museums mit dem Signet des bekannten Märchens »Der gestiefelte Kater«. Hinzu kamen Motive der Volkskunst, Poesie oder des bäuerlichen Lebens. Wie bei Comics wurden die verschiedenen Entwicklungsstufen bildlich dargestellt und mit einem ergänzenden Text versehen. Da viele Menschen in jener Zeit Analphabeten waren, kam den Bildern eine große Bedeutung zu und sie mussten selbsterklärend wirken. Vor allem anhand von Heiligenbildern wurden verschiedene Tugenden dargestellt, die als Vorbilder und moralische Richtlinien dienten. Mit der Installation der Lithographiewerkstätten wurde die Bildherstellung deutlich diversifiziert. Nun war die Bilderfabrik in der Lage, noch feinere Drucke zum Einrahmen herzustellen. Eine Schicht aus gummi arabicum und vergoldete Verzierungen machten sie fast so glänzend wie Gemälde, die sie letztlich zu imitieren versuchten.

Sehr beliebt waren auch die Bastelbögen. Mit Schere und Kleber in der Hand wurden die Kinder zu den besten Kunden der Bilderfabriken. Auch die ersten Ausschneidebögen Frankreichs kamen aus der Cité de l'Image (Stadt der Bilder). Insbesondere Figuren, Lokomotiven oder Fahrzeuge wurden aus Papier nach Anleitung gebastelt. Oft mit Fäden und einfachen Mechanismen behaftet, um sie drehen und wenden zu können. Im 19. Jahrhundert wurden ganze Papiertheater, Bahnhöfe oder Châteaus gebastelt. Ende des Jahrhunderts verloren die Bilderbögen an Bedeutung, die Fotografie wurde zur zunehmenden Konkurrenz. Außerdem konzentrierte man sich nun mehr auf die aufkommende Werbung und Reklameschilder. Während des Ersten Weltkriegs wurden spezielle Militärserien mit Soldaten und Militärbauten

◀ Die Vorläufer der Comics wurden in den Vogesen produziert.
▶ Mitte des 19. Jahrhunderts waren Bastelbögen beliebt: hier ein Bogen zur Weltausstelluing 1889 in Paris.

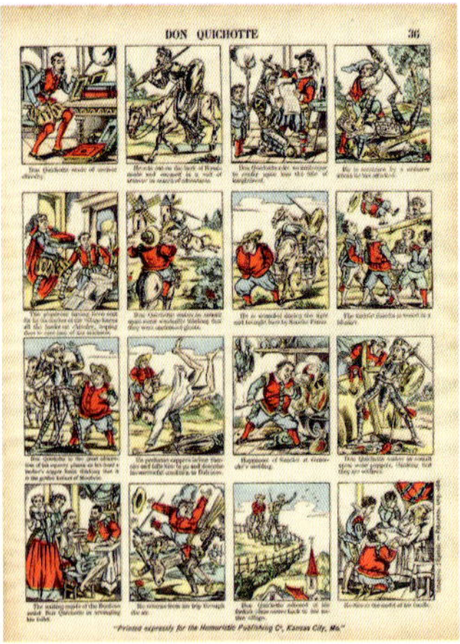

Die Geschichte Don Quichotes in einem Bilderbogen aus Épinal.

aufgelegt. Nach dem Krieg kamen Abziehbilder, Lerntafeln oder auch Schallplattenalben zum Portfolio der Druckexperten aus Épinal hinzu. Später wurden schließlich die ersten Comics produziert. Ab 1850 wurde der Holzschnitt zunehmend von der Steindrucktechnik verdrängt. Beim Holzschnitt wurde vorwiegend widerstandsfähiges Holz verwendet, das viele Male gepresst und in Richtung der Fasern geschnitten wurde. Nach Fertigstellung des Bildlayouts fertigte man eine Tonform an, die dann mit Blei ausgegossen wurde. Das Papier wurde aus einem Halbstoff aus Leinenlumpen und Hanf hergestellt. Dabei bekam das Papier eine Rippung. Bei der Lithographie wurden keine Trägermaterialien mehr geschnitzt, sondern Striche einer mit Fetttinte versehenen, invertierten Zeichnung auf Kalkstein übertragen. Der Stein wurde anschließend angefeuchtet und mit Tinte bestrichen. Da das Wasser vom Fett abgestoßen wird, fixiert sich die Tinte nur auf dem Strich der zu druckenden Zeichnung. Das handlichere Zink ersetzte später den Stein. Mit der Lithographie wurde die Produktion industriell und ermöglichte kleinere und feinere Linien in Serie.

In Workshops werden die historischen Drucktechniken in dem Museum immer wieder vorgeführt. Neben einer beeindruckenden Auswahl früher Bilder- und Bastelbögen sind auch Werke zeitgenössischer Fotographen in Épinal im Département Vosges zu sehen.

Épinal ist über die N57 und die D420 zu erreichen. Das Museum befindet sich in 42 quai de Dogneville. Es hat täglich geöffnet (außer am 25. Dezember und am 1. Januar). ☏ 00 33 / 3 29 81 48 30. Internet: www.imagerie-epinal.com. Eintritt: Erwachsene: 4,70 Euro, Kinder: 3,15 Euro, Familienticket möglich. Im Museum sind die Erklärungen auf den Infotafeln ausschließlich auf Französisch. Man kann jedoch am Eingang ein Infoheft auf Deutsch erhalten. Neben dem Museum lohnt sich definitiv auch ein Besuch in der Boutique der Imagerie am Ende des Geländes. Dort werden hochwertige Papierbögen, Bastelbögen oder historische Spielkarten verkauft, die allerdings allesamt ihren Preis haben.

42 Die schwarzen Gesichter

Museum Carreau Wendel gibt Einblick in die blühende Epoche der Montanindustrie / Lothringer Industriedenkmal

Direkt an der Grenze zum Saarland in Petite-Rosselle liegt das Steinkohlebergwerk Carreau Wendel mit seinen vier prägnanten Fördertürmen. Rund 32.000 Menschen besuchen das Bergbaumuseum pro Jahr, das Neugierigen die lothringische Bergbau-Epoche vergangener Tage veranschaulicht. Die 1862 eröffnete Grube gehörte wechselweise zum Deutschen Reich und zu Frankreich und beschäftigte zu Spitzenzeiten bis zu 5000 Bergmänner. Doch das ist alles längst Geschichte. In den 80er-Jahren des vergangenen Jahrhunderts schloss der Bergbau-standort, der einst zu den größten in Frankreich zählte, endgültig. Das industrielle Denkmal ist aufgegliedert in ein Museum sowie die Nachbildung eines Stollens, der dem Besucher mittels akustischer Unterstützung und zahlreicher Fördermaschinen die harte Arbeit der Steinkohlearbeiter näherbringt. Im Museum selbst sind zahlreiche Utensilien der Gueules noires (deutsch: die schwarzen Gesichter) zu besichtigen. Auch Fotos, die die Tätigkeiten der Minenarbeiter bestens vermitteln, sind vorhanden. »Darunter sind viele meiner Kumpels von früher. Ich kenne noch etliche von ihnen«, meint ein älterer Herr, der aufmerksam die Fotos betrachtet und einst selbst im Carreau Wendel arbeitete. Wie seine Kollegen ging er vor mehr als 25 Jahren in Frühpension und bezog anschließend eine Rente vom Staat – nach gut 30 Jahren Maloche in der Montanindustrie. »Danach hatte ich auf einmal sehr viel Zeit. Meine Frau hat gearbei-

Industriedenkmal im Nordosten von Lothringen.

Pickel und Helm der Minenarbeiter im Museum.

tet, ich habe die Kinder mit groß gezogen, habe viel Sport gemacht, um den Tag zu strukturieren«, erinnert sich der schlanke Mann mit dem kahlen Haupt, etwas wehmütig an seine aktive Zeit unter Tage zurück und fügt hinzu: »Das war harte Arbeit, klar. Aber wir haben immer zusammengehalten. Es war definitiv eine gute Zeit.«

Vor gut zwei Jahren wurde die 1800 Quadratmeter große Museumslandschaft komplett modernisiert. Auf authentische Weise werden die Arbeitsumstände der Bergbauarbeiter dargestellt. »Hier sehen Sie die Dusch- und Aufenthaltsräume nachgebildet. Spinde gab es damals im Übrigen noch nicht, das hätte auch viel zu viel Platz gekostet. Man hat seine Kleidung einfach hoch an die Decke gezogen«, erklärt Cathy Schoumacher, Pressesprecherin des Museums, und deutet auf unendlich viele Haken an der Decke. Einen kleinen Altar gibt es ebenfalls – für die Schutzpatronin der Bergleute, die Heilige Barbara. Bereits mit 14 Jahren war Horst Schmadel unter Tage. Der Pensionär führt Besucher durch den angeschlossenen Grubennachbau. Nachdem man mit Helm und Lampe ausgerüstet ist, geht es direkt in den Aufzug. Es rüttelt und schüttelt, es scheint schnurstracks in die Tiefe zu gehen. Meint man zumindest. Tatsächlich findet man sich auf der gleichen Ebene wieder. Aber das Aufzug-Erlebnis ist derart authentisch, dass man vermutet, sich im Bergschlund zu befinden. Wer jedoch Höhlenatmosphäre wie in anderen Bergwerken in Lothringen oder Elsass erwartet, sucht diese hier vergebens. Es handelt sich um eine Nachbildung in einem Zweckbau über der Erde. Dafür wird der Bergbau mittels Maschinen und nachgebildeten Flözen sehr gut veranschaulicht. Und Horst Schmadel ist ein wandelndes Lexikon. Äußerst detailreich erklärt er den imposanten Maschinenpark des Carreau Wendel. Ob Seitenkipplader oder Schrämmaschine – er hat alle technischen Daten parat. »Die größten Feinde der Bergarbeiter waren Staub und Gas. Deshalb hatte Belüftung oberste Priorität. Und natürlich waren die Pumpsysteme, um das Wasser aus dem Stollen zu halten, von größter Wichtigkeit«, erläutert er. Ungefähr 20 Prozent der Arbeiter waren allein für die Sicherheit im Stollen zuständig. Enorm wichtig sei die Kameradschaft unter Tage gewesen. »Kein Bergmann wurde sich selbst überlassen. Man war ja aufeinander angewiesen. Deshalb war das eine starke Gemeinschaft. Falls einer versagte, konnte das den Tod vieler Kollegen bedeuten.« 10.000 bis 14.000 Tonnen holten die Bergleute aus einem Streb. Eine Besonderheit in der Mine im Osten Lothringens waren die senkrechten Flöze. Über Kopf wurde die Steinkohle abgebaut, wie auch die nachgebildeten Flöze eindrucksvoll zeigen. Neben den technischen Details kennt Schmadel auch die Historie des Bergwerks unweit von Forbach ganz genau. »Es gehörte der Familie Wendel, einer damals sehr bedeutenden Industriellenfamilie in Lothringen. 1704 erwarb Jean-Martin Wendel eine Schmiede und entwickelte nach und nach Aktivitäten in der Stahlindustrie. In der Folgezeit baute er mit seinem Sohn Charles die Schmiede zu einem der größten und technisch fortschrittlichsten Eisenunternehmen Lothringens im 18. Jahrhundert aus.« In der Zeit der Französischen Revolution wurde die Schmiede jedoch von der revolutionären Regierung beschlagnahmt. Die Wendels gingen ins Exil. 1803 gewährte Napoleon den Mitgliedern der Industriellendynastie schließlich Amnestie. Die Nachfahren von Jean-Martin Wendel bauten die Öfen weiter aus, modernisierten sie und schufen letztlich das drittgrößte Eisenunternehmen Frankreichs.

Förderturm des Carreau Wendel.

La Mine – das Bergbaumuseum Carreau Wendel hat ganzjährig von dienstags bis sonntags von 9 bis 18 Uhr durchgehend geöffnet. Erwachsene zahlen 8 Euro, Kinder und 4 Euro. Für Kinder unter 6 Jahren ist der Eintritt frei. Mehr Infos im Internet unter www.la-mine.fr. ☎ 00 33 / 3 87 87 08 54. Man kann zunächst das Bergbaumuseum besuchen und anschließend die nachgestellte Mine. Das Bergwerk befindet sich zwischen dem saarländischen Völklingen und dem lothringischen Forbach in Petite Rosselle im nordöstlichsten Zipfel des Départements Moselle (über die A320 und die D31). Die Museumslandschaft wurde 2013 komplett modernisiert.

43 Traditionelles Kunsthandwerk aus Lothringen

Paillettenstickerei aus Lunéville und Spitzenklöppelei aus Mirecourt / Zwei Damen halten die alten Techniken am Leben

»Möglicherweise zähle ich zu einer aussterbenden Spezies. Aber das ist mir egal. Mir macht das einfach unheimlich viel Freude. Auch viele andere wissen diese alte Handarbeit offensichtlich noch zu schätzen«, merkt Danielle Beugnette scherzhaft an. Die Frau aus Houdemont, einem Vorort von Nancy, klöppelt aus tiefster Leidenschaft. Die alte Handarbeitstechnik, bei der mittels spindelförmiger Spulen und dem daran aufgewickelten Garn Spitzen gefertigt werden, hat es ihr schon viele Jahre angetan. Gelernt hat die Pensionärin ihre Fertigkeiten einst in Mirecourt. In dem Ort im Départment Vosges, etwas südlich von Nancy, hat die Klöppelei eine lange Tradition. Bis zum Ende des 19. Jahrhunderts war das Städtchen nordwestlich von Épinal gar die Hauptstadt der Spitzenklöpplerinnen in Lothringen. Bis zu 20.000 Frauen arbeiteten in dem bedeutsamen Wirtschaftszweig und stellten geklöppelte Spitze her. In akribischer Heimarbeit entstanden hochwertige, handgearbeitete Luxusartikel, die im »Haus der Spitze« in dem 6000 Einwohner zählenden Mirecourt ausgestellt sind. Noch heute kann man in dem Museum im Ort, welches das handwerkliche Erbe der Region bewahrt, Klöpplerinnen bei der Arbeit über die Schulter schauen. Zudem werden Kurse in der 1996 eröffneten Einrichtung angeboten. Alle Jahre gibt es dort ein großes Treffen der Spitzenklöpplerinnen aus Frankreich, Belgien, der Schweiz, Italien und Deutschland. Im 16. Jahrhundert wurde die Technik in Italien mittels sogenannter Musterbücher das erste Mal dokumentiert. Klöppelspitzen wurden entwickelt, um den Rändern von Kleidungsstücken eine dekorative Kante zu geben. Durch Flechten wurden so aus losen Fransen schmückende Elemen-

Der Spitzenklöppelei widmet sich Danielle Beugnette.

Werkzeug, das man für die Klöppelei benötigt.

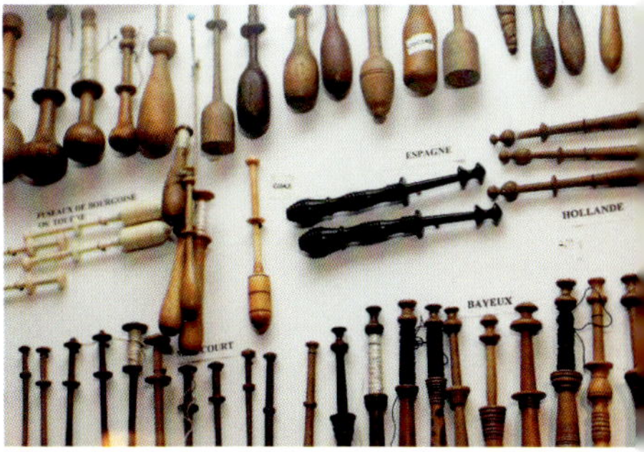

te – meist an der Kleidung gut betuchter Leute. Ab Mitte des 19. Jahrhundert lösten Maschinen die zeitintensive Heimarbeit der Klöpplerinnen zunehmend ab. »Heute machen das nur noch sehr wenige in Handarbeit. Man muss sehr gut organisiert sein. Für manche sieht das ja fast wie Zauberei aus. Aber es ist letztlich eine Frage des Geschicks und der Konzentration«, erklärt Danielle Beugnette, die sich von den klassischen Bearbeitungsfeldern der Handklöppelei wie Kleidung und Decken längst emanzipiert hat und vor allem Bildmotive und Accessoires kreiert. »Ich mache gerne Wandbilder. Vor allem Orchideen aus Lothringer Spitze mag ich sehr. Für mich verliert diese Handwerkskunst nie an Faszination. Speziell der Jugendstil ist immer wieder eine große Inspirationsquelle für mich«, sagt die Frau aus dem Großraum Nancy über ihr Hobby, während sie die aus Holz gefertigten Spulen wie nach einem geheimen Plan übereinander kreuzt. Der Klöppelbrief gilt als Mustervorlage und Basis der künstlerischen Gestaltung. Auch Véronique Fabre fühlt sich in ihrem Metier sichtlich wohl. Die Französin widmet sich der Paillettenstickerei. »Lothringen ist das Zentrum der Paillettenstickerei in Frankreich. Schon im frühen 17. Jahrhundert wurde hier äußerst kunstvoll gestickt. Ich möchte die Tradition dieses Handwerks, das hier eine so lange Historie hat, weiterführen und den Menschen präsentieren«, sagt die Frau, die nebenbei noch eine Dozententätigkeit für Zeichnen in Nancy inne hat.

Im benachbarten Lunéville hatte sich eine Sticktechnik etabliert, die ihren ganz eigenen Stil hat. Perlen und Pailletten werden mit einer sehr feinen Häkelnadel auf Stoff und Tüll appliziert. Mehr als 10.000 Stickerinnen arbeiteten in Lothringen zu Beginn des 19. Jahrhunderts in diesem Metier. Noch heute werden die mit Pailletten bestickten Objekte großer französischer Modeschöpfer hier in Einzelarbeit von Hand bestickt. Im prächtigen Château von Lunéville, hier residierte einst der letzte Herzog von Lothringen, Stanislas I., existiert ein

▶ Véronique Fabre aus Lunéville liebt die Paillettenstickerei. ◀ Broschen aus Murano-Glasperlen oder Strass von Swarovski stellt sie her.

Museum (Conservatoire des broderies), welches das alte Kunsthandwerk präsentiert. »Ich zeichne die Stücke nach eigenen Motiven und setzte dann die Pailletten darauf. Da ist natürlich viel Geduld, Kreativität und einiges an Fingerfertigkeit vonnöten«, betont Véronique Fabre. Seit rund 20 Jahren widmet sich die Lothringerin dieser Kunstform. Als Autodidaktin hat sie sich alles selbst beigebracht. Schon als Kind war sie kreativ. »Ich hatte schon immer eine künstlerische Ader. Vermutlich habe ich das von meinem Vater, der Maler war, geerbt.« Ob Emaille, Murano Glasperlen oder Strass von Swarovski – ihre Broschen, Ohrringe, Armbänder oder Halsketten sind äußerst individuell gestaltet. »Es gibt eben ganz verschiedene Applikationsmotive. Gerade das macht wohl den Reiz dieses Schmucks aus«, so die Frau aus dem Département Meurthe-et-Moselle. Auch bei Tourismus-Kampagnen von Lothringen und der Stadt Nancy sind die beiden fingerfertigen Damen immer wieder mit von der Partie, um der vom Aussterben bedrohten Handwerkskunst eine Plattform zu bieten. »Die Touristen sind immer ganz begeistert. Das ist eben noch echte Handarbeit, die auf einer langen Tradition in Lothringen fußt«, meinen die beiden Damen unisono.

Das Musée de la dentelle (Spitzenklöppelei) in Mirecourt 43a befindet sich am 1 place Chantaire im Zentrum des Vogesen-Städtchens (erreicht man über die D166). ☎ 00 33 / 3 29 37 30 31. Internet: www.mirecourt.fr. Hier gibt es auch immer wieder Klöppelworkshops. Im Obergeschoss des Maisons de la dentelle befindet sich das Musikautomatenmuseum. Das Conservatoire des broderies de Lunéville (Stickerei) befindet sich im Château von Lunéville 43b vor den Toren Nancys (N333/D914). Das zauberhafte Schloss war 2003 von einem verheerenden Brand zerstört worden, ist mittlerweile jedoch weitgehend restauriert. Es gilt als monument historique und hat eine sehr schöne Gartenanlage. ☎ 00 33 / 3 83 73 56 86, Internet: www.broderie-luneville.com. Auch hier finden regelmäßig Kurse zur Stickerei und Ausstellungen statt.

44 Als Sabotage noch en vogue war

Musée du Sabot widmet sich dem Handwerk der Holzschuhmacherei / Holzschuhe in allerlei Variationen

Mehr als 11.000 Personen besuchen pro Jahr das Holzschuhmuseum in dem kleinen Örtchen Soucht in den Nordvogesen. Vor einigen Jahren wurde für das Musée du Sabot ein modernes, größeres Gebäude errichtet – natürlich komplett aus Holz. Mittlerweile haben die rund 320 Paar Holzschuhe nun wesentlich mehr Platz als noch zu früheren Zeiten. In der Museumswerkstatt gibt es Workshops und Vorführungen zur alten Handwerkskunst, auf traditionelle Art Holzschuhe herzustellen. Das Museum zeigt sowohl das traditionelle Schnitzen als auch die mechanische Produktion. Das Außenareal, der sogenannte Holzplatz, veranschaulicht die verschiedenen Arbeitphasen in der Tätigkeit mit dem Rohstoff: das Zerschneiden des Stammes, die Bearbeitung des Holzstücks, die Herstellung der Rohlinge und schließlich die Feinarbeit mit Gravuren und Verzierungen. »Es ist wichtig, dieses Handwerk vor dem Aussterben zu bewahren. Früher waren Holzschuhe gang und gäbe. Man hat sie hier in unserer Region bei der Arbeit in der industriellen Produktion getragen«, erläutert Armand Weiskircher, Vize-Präsident des Freundeskreis des Holzschuhmuseums. Einst brachten belgische Arbeiter nach dem Dreißigjährigen Krieg das Schuhhandwerk in die Nordvogesen. Ins Leben gerufen wurde das Kleinod in Soucht von Rémy Rithié, seines Zeichens Holzschuhmacher in der siebten Generation. In den 20er- und 30er-Jahren des vorigen Jahrhunderts gab es im Dorf noch fast 70 Holzschuhmacher, aber diese Zeiten sind natürlich längst vorbei. Spätestens ab den 1950er-Jahren gal-

Modern präsentiert sich das Holzschuhmuseum in Soucht.

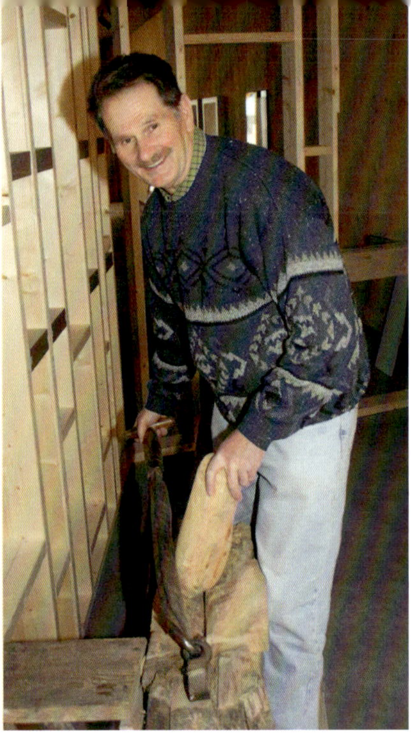

Armand Weiskircher mit dem alten Handwerkszeug der Schuhmacher.

ten die klobigen Treter nicht mehr als très chic. Die Museumswerkstatt in der Rue des Sabotiers dagegen lief noch bis Ende der 1970er-Jahre mit Maschinen vom Anfang des 20. Jahrhunderts. »Wir möchten diese alte Tradition einfach weitergeben. Holzschuhe wurden bei uns auf dem Land sehr lange getragen. Ich benutze sie sogar heute noch, wenn ich im Stall oder im Garten arbeite«, erklärt Weiskircher.

Wie sie zu den vielen Schuhen in dem Museum kamen? »Das hat sich im Laufe der Jahrzehnte eben angesammelt. Museumsmitbegründer Léon Ferstler hatte ja schon eine beachtliche Kollektion. Und natürlich brachte jeder vom Urlaub irgendwelche exotischen Modelle mit«, berichtet der Mann vom Rande des Départements Moselle. Vorwiegend Holz der Pappel, Buche, Birke oder Erle wurde für die Herstellung genutzt. In der Gegend gab es einen hohen Bedarf an Schuhen aus den Werkstätten von Soucht. Denn hier gab

Holzschuhe in zahlreichen Variationen.

es die Glashütten von Meisenthal oder Saint-Louis-les-Bitche. Die Arbeiter benötigten für die industrielle Produktion sicheres Schuhwerk. Bis in die 1920er-Jahre war die Schuhproduktion reines Handwerk, ehe Maschinen diese Funktion übernahmen. Holzschuhe aus aller Herren Länder kann man nun in dem Museum besichtigen – ob aus Frankreich, Holland, Deutschland, der Türkei oder weiter entfernten Ländern. Auch das dafür typische Werkzeug kann man begutachten und selbst ausprobieren. Im Übrigen: Wissen Sie wo das Wort Saboteur oder Sabotage ursprünglich herrührt? In Sabot (französisch für Schuh) steckt der Wortstamm schon mit drin. Französische Arbeiter warfen einst während der industriellen Revolution ihre Holzschuhe in die Mäh- und Dreschmaschinen oder Webstühle und störten so die technischen Abläufe oder zerstörten die Apparaturen ganz. Die sogenannten Maschinenstürmer protestieren so gegen die fortschreitende Mechanisierung der Arbeit und die Substituierung der Menschen durch Maschinen. Und schon war der Saboteur geboren. Das Wort Sabotage stand zu Beginn des 19. Jahrhunderts zunächst noch für die Holzschuhfabrikation selbst und das französische Verb saboter bedeutete unter anderem »mit Holzschuhen trampeln«. Und das kann man mit den klobigen Schuhen zweifellos auch heute noch ziemlich gut.

Soucht liegt zwischen Lemberg und Wingen-sur-Moder an der D83. Der Ort grenzt direkt an das Elsass (Bas-Rhin) und ist ein Nachbarort von Meisenthal (hier lohnt sich auch ein Besuch beim Holzspielzeugmacher oder der Glasmanufaktur und dem Glasmuseum CIAV). Das Museum im Soucht in der Rue des Sabotiers ist ausgeschildert. Erwachsene zahlen 3 Euro, Kinder 2 Euro. Das Museum hat von Ostern bis Oktober täglich (außer dienstags) von 14 bis 18 Uhr geöffnet. Mehr Infos im Internet www.museedusabotier.fr (auf Deutsch).

45 Cristallerie aus einer anderen Epoche

Kristall- und Glaskunst aus Vallerysthal / Früher kauften Aristokraten die edlen Produkte / Heute ist es ungleich schwerer Kunden zu finden

Die Cristallerie Vallerysthal basiert auf einer langen Tradition. 1707 hatte der Herzog Leopold von Lothringen die Erlaubnis für eine Glasmanufaktur in Troisfontaines erteilt. Seit dieser Zeit werden hier edle Weingläser, Karaffen, Kronleuchter, Kerzenständer, Vasen,

Anneliese Haeckler begutachtet ein Kristallglas made in Vallerysthal.

dekorative Figuren und etliches mehr kreiert. Überhaupt ist Lothringen reich an Glas- und Kristallkunst: Die königliche Glaserei von Saint-Louis-lès-Bitche (die erste, der 1781 auf dem europäischen Festland die Herstellung von Bleikristall gelang) und das heutige Musée du Cristal, die Glashütte in Meisenthal mit dem dazugehörigen Museum (CIAV), Baccarat oder das Lalique-Museum in Wingen-sur-Moder an der Grenze von Elsass und Lothringen zeugen vom reichhaltigen Kulturerbe der Region. Und dieser langen Tradition fühlt sich auch Anneliese Haeckler zugehörig. Bereits ihr Ururgroßvater arbeitete in der Glashütte von Vallerysthal, einem Ortsteil von Troisfontaines. Sie ist für das Marketing der edlen Waren südlich von Phalsbourg zuständig. »Das ist ein Kulturerbe auf das wir definitiv stolz sein dürfen. Es handelt sich um eine Handwerkskunst, die über viele Generationen weitergegeben wurde. Die

Arbeiter hatten einst viele Privilegien und waren hoch angesehen. Das alte Wissen und die Rezepturen dürfen nicht sterben. Diese Tradition gilt es zu erhalten.« Stolz präsentiert sie eine Opal-Kollektion aus Vallerysthal oder Butterschalen aus verschiedenfarbigem Kristall mit Fabelwesen, Krokodilen oder Kamelen als Deckelaufsatz. Sehr nobel, sehr verspielt, aber auch reichlich bizarr – wie einer anderen, längst untergegangen Welt entsprungen. Gebrauchskunst für Menschen mit einem Sinn für das Besondere, etwas Abseitige. In jedem Fall jedoch für einen Personenkreis, der mit einem entsprechenden Portemonnaie ausgestattet ist. Die Kundschaft für derartige Produkte wächst nicht so einfach nach und der alte Adel als potentielle Kundschaft entstammt wohl ebenfalls einer vergangenen Epoche. »Gerade war eine Jagdgesellschaft bei uns. Die Männer waren auf der Pirsch, ihre Damen haben sich währenddessen bei uns im Verkaufsraum umgesehen und das eine oder andere erstanden«, berichtet die Lothringerin. Vornehmlich französische Restaurants beliefert die Traditionsmanufaktur. Etliche von ihnen sind mit einem Michelin-Stern ausgezeichnet und legen Wert auf ebenso edles wie robustes Kristall. »Wir haben früher Émile Jung, den Drei-Sterne-Koch aus Strasbourg und das Restaurant Au Crocodile, beliefert«, berichtet Anneliese Haeckler. Auch Sternerestaurants in Deutschland, genauer im Badischen, stehen auf ihrer Kundenliste.

Der Verkaufsraum in Vallerysthal.

In der Vergangenheit hatte die Manufaktur zahlreiche Größen des kulturellen Lebens als Kunden. Die bekannte französische Schriftstellerin des 19. Jahrhunderts, George Sand, ebenso wie ihr langjähriger Partner, der weltberühmte Komponist Frédéric Chopin. Im Hier und Heute sieht das etwas anders aus. »Früher haben Mädchen bei ihrer Kommunion Geschirr für den zukünftigen Hausstand bekommen. Oder: Ein Brautpaar hat lange für ein repräsentatives Tafelservice gespart. Das ist alles längst vorbei. Leider. Heute geht man in ein Warenhaus und kauft dort alles ein«, sagt sie achselzuckend. Aber einen prominenten Namen hat sie dann doch

Transparent und schillernd: Dekofiguren der Traditionsmanufaktur.

noch in petto. Einen ziemlich schillernden sogar. Popstar Sir Elton John habe zu seiner Hochzeit über seine Mittelsmänner eigens Waren aus Vallerysthal bestellt. Aber dies sei nun eben doch eher die Ausnahme als die Regel. Probleme gebe es auch mit Kopisten aus China oder dem Reglement der Europäischen Union, die bestimmte Farben wegen potentieller Gesundheitsgefährdung verbietet. Kein leichter Job heutzutage für Anneliese Haeckler, die in dem riesigen Verkaufsraum des alten, aus der Zeit gefallenen Gebäudes etwas verloren wirkt. Aber Aufgeben gibt es nicht. Schließlich gilt es, die Vorzüge der prestigeträchtigen königlichen Cristallerie, die einst von Baronen, Grafen und Herzögen geführt wurde, auch aktuellen Generationen schmackhaft zu machen.

Die Cristallerie Vallerysthal befindet sich südlich von Phalsbourg (Abzweig Buhl-Lorraine, über die N4/E25). Vallerysthal ist ein Ortsteil von Troisfontaines. 3-12 rue des Cristalleries. ☎ 00 33 / 3 87 25 62 04 (Anneliese Haeckler spricht deutsch). Öffnungszeiten: Montag bis Freitag von 10 bis 12 Uhr und von 13 bis 18 Uhr. Samstags, sonntags und an Feiertagen von 10 bis 12 Uhr und von 14 bis 18 Uhr. Die Manufaktur gehört zum Verbund Terre de lux. Internet: www.terre-de-luxe.fr

46 Der Holzspielzeugmacher aus den Nordvogesen

Père Michel stellt Spielsachen noch wie zu Großvaters Zeiten her / Liebevoll gestaltete kleine Kunstwerke für den Nachwuchs

Michel Muller lächelt milde. Er kennt das Gefühl des Betrachters, wenn dieser sein Atelier betritt. Es ist wie eine Rückkehr in die eigene Kindheit. Überall sieht man fein verarbeitetes Holzspielzeug wie aus längst vergangenen Tagen. Kleine Rennwagen, Holzpferde, Circuswagen, Flugzeuge, Lokomotiven, Miniatur-Häuschen und, und, und. Alles aus dem Holz von Bäumen aus den Vogesen geschnitzt – und zwar von Michel Muller höchstpersönlich. Pardon, Père Michel. Vater Michel, so nennt sich der Holzkünstler nämlich selbst. Und kein Titel könnte passender sein. Mit seiner Schürze, seiner Mütze und seinem Bart scheint er selbst aus einer anderen Zeit entsprungen. Einer, in der Plastikspielzeug aus Asien offensichtlich noch nicht existierte. Er ist der Einzige in der Region Moselle, der selbst noch Holzspielzeug manuell herstellt und veräußert. »Das ist ansonsten viel zu aufwendig und lohnt sich für die großen Hersteller schon lange nicht mehr«, weiß der Mann aus Meisenthal. Er selbst kann es sich auch nur erlauben, da er seinen eigentlichen Broterwerb bereits hinter sich hat und nun während der Pension seiner Leidenschaft – dem Schnitzen von Holzspielzeug – frönt. Der 72-Jährige war früher unter anderem Versandleiter der elsässischen Traditionsbrauerei Meteor in Hochfelden. Und schon hat der freundliche Lothringer einen Miniatur-Brauwagen der Marke

Michel Muller in seiner Werkstatt in Meisenthal in den Nordvogesen.

Viele der Spielzeuge sind mit einer Feder ausgestattet und lassen Raum für Kreativität.

Eigenbau in der Hand, eingefärbt im typischen Blau von Meteor. Die Arbeit mit Holz ist Michel Muller in die Wiege gelegt worden. »Mein Vater war Zimmermann. Ich bin sozusagen in einem Sägewerk aufgewachsen. Nach meinen Berufsjahren im Management der Brauerei habe ich zu meiner alten Passion zurückgefunden. Ich liebe dieses Naturmaterial. Zuerst habe ich für die Enkel geschnitzt. Dann wurde allmählich mehr drauß«, sagt er lächelnd, während er auf die vielen Utensilien und Werkzeuge in seiner kleinen Werkstatt deutet. Für seine Arbeiten nutzt er vornehmlich das Holz von Fichte, Tanne und Linde, da dies sehr elastisch ist. Zuweilen recycelt er auch alte Weinkisten. Für ein größeres Spielzeugauto benötigt er ungefähr 15 Arbeitsstunden. Sägemaschine, Meißel und Raspel dienen ihm als Werkzeuge. Zu guter Letzt werden die hübschen Stücke lackiert. Und zwar mit einer Spezialfarbe, die komplett unschädlich ist. Denn die Spielzeuge des Lothringers sind zertifiziert. »Das sind ja Dinge für Kleinkinder. Die nehmen das auch mal in den Mund, das Spielzeug kommt dann mit Speichel in Berührung. Deshalb ist es wichtig, dass alles biologisch ist«, sagt der Mann, der Spielsachen für Kinder ab zwei bis drei Jahren herstellt. In manchen der Figuren oder Holzautos ist sogar schon der Name des künftigen Nutzers eingraviert. »Manche Eltern geben die Spielsachen noch während der Schwangerschaft in Bestellung. Dann bekommt das Utensil den Namen des jeweiligen Kindes hineingeschnitzt, wenn das gewünscht wird.« Wichtig ist dem Holzspielzeugmacher, dass er die Dinge noch wie zu Großvaters Zeiten herstellt. Da habe sich über die Jahrhunderte kaum etwas verändert. Und genau dies ist es auch, was den Charme dieser Boutique und seines Schöpfers ausmacht. Schon der Eingang mit dem kleinen Rundbogen hat etwas von einem Tolkien-Häuschen aus dem Auenland. Die kleinen oder größeren Spielsachen, die er produziert, sind mit viel Liebe fürs Detail gefertigt. Oft sind sie mit einer Feder oder beweglichen Teilen ausgestattet. Meist sind auch kleine Figuren bei den Fahrzeugen mit an Bord, die man herausnehmen kann. Der spielerischen Kreativität des Kindes bleibt da viel Raum. Ausgezeichnet wurde der 72-Jährige auch schon: vor einigen Jahren erhielt er einen Erfinderpreis auf einer Holzspielzeugmesse in Paris. Mit seinen kleinen Kunstwerken spielen Kinder in Straßburg, Metz oder im frankophonen Montreal in Kanada. In diese Städte hat er seine Spielwaren bereits verkauft. Im Naturpark Nordvogesen ist Michel Muller im Sommer immer wieder auf diversen Märkten präsent, an Weihnachten auf Christkindlsmärkten. Am schönsten ist es für ihn jedoch immer wieder, wenn Kinder seinen Laden betreten, große Augen bekommen und aus dem Staunen gar nicht mehr herauskommen. »Generell steckt doch in jedem von uns ein kleines Kind. Das muss nur aktiviert werden. Ich nutze meine Kreativität und mein handwerkliches Geschick, um dem Menschen eine kleine Freude zu machen. Es ist sicherlich jede Menge Nostalgie mit im Spiel. Aber es wäre doch schön, wenn der Nachwuchs wieder etwas weg von der Elektronik käme und an diesem ursprünglichen Material Gefallen finden würde“, hofft der im Département Moselle wohl letzte Holzspielzeugmacher seiner Art.

Der Lothringer mit einem von ihm konstruierten Kranwagen.

Die Boutique von Père Michel befindet sich in Meisenthal (1 rue de la Colonne). Geschäft und Atelier befinden sich nur wenige Schritte von der berühmten Glasmanufaktur von Meisenthal und dem Glaskunstmuseum (CIAV) entfernt. Nur einige Ortschaften weiter befindet sich das Lalique-Museum in Wingen-sur-Moder und das Schuhmuseum in Soucht. Meisenthal erreicht man über die D83/D37/D919 und D12). Internet: www.jouetsenbois-meisenthal.com. ☎ 00 33 / 3 87 96 98 80 (Michel Muller spricht deutsch) Er empfängt seine Kundschaft täglich von 10 bis 19 Uhr. Entweder ist er im Atelier oder in der Boutique nebenan, einfach klopfen.

47 Rückkehr ins 19. Jahrhundert

Bauernhofmuseum in den Vogesen gibt Einblick in das Leben der Landbevölkerung / Bauern waren reine Selbstversorger

Mit romantischen Vorstellungen einer vermeintlich guten alten Zeit räumt Marie Thérèse Bernard gleich zu Beginn auf. Die frühere Deutschlehrerin ist Präsidentin der Ferme Musée de la Soyotte in Sainte-Marguerite. Dabei handelt es sich um einen Bauernhof in den Vogesen um das Jahr 1800. Nachdem das Hofgut viele Jahre leer stand, ist es heute ein Museum, das Zeugnis über das bäuerliche Leben der damaligen Zeit gibt. »Das war harte körperliche Arbeit rund um die Uhr. Freizeit wie wir sie heute kennen, gab es zu

Marie Thérèse Bernard mit einem historischen Bügeleisen.

jener Zeit nicht. Die Menschen waren reine Selbstversorger. Es wurde buchstäblich alles, was man zum Leben benötigt hat, selbst hergestellt. Man konnte ja nicht mal eben ins Fachgeschäft und dies und das besorgen. Im Frühling und Sommer regierte die Feldarbeit. In der dunklen Jahreszeit wurden Reparaturen vorgenommen, Kleidung geflickt, Holzmöbel hergestellt oder Obst eingeweckt.« Mehr als 1000 Quadratmeter ist das Anwesen groß, etwa 7500 Exponate des ländlichen Lebens werden in authentischer Atmosphäre ausgestellt. Es sei ein typischer Bauernhof der damaligen Zeit, allerdings deutlich größer als der eines gewöhnlichen Hofguts. »Es waren eher reiche Bauern. Das sieht man auch am Mobiliar. Schon die Aussteuertruhe ist ein sehr schönes Stück. Irgendwann blieb jedoch die

Nachkommenschaft aus und das Gebäude verwaiste«, sagt Marie Thérèse Bernard. Schließlich übernahmen 23 umliegende Gemeinden den Bauernhof in kommunaler Trägerschaft und machten ihn zu einem Museum. So gibt es im Sommer immer wieder Kurse über das Herstellen von Dachschindeln, Sticken, Spinnen, Korbflechten, das Backen von Brot oder Affinieren von Munsterkäse. »Hier wurde früher Butter gemacht«, zeigt die Dame auf einen hölzernen Butterstampfer. »Und damit wurde gebügelt.« Schnell hat sie ein historisches Bügeleisen in der Hand. Ein Stück Eisen wurde dafür in den Backofen gelegt, erhitzt und anschließend mit einer Zange in das Bügeleisen gelegt. Richtig gemütlich ist es eigentlich nur in der Küche und der guten Stube (die einzigen Räume, in denen im meist harten Winter in dem Mittelgebirge der Vogesen geheizt wurde). In der Stube saß man abends nach getaner Feldarbeit zusammen, bereitete Dinge vor, reparierte Werkzeug oder flickte Kleidung. Dabei erzählte man sich Geschichten. Die übrigen Räume waren von den jeweiligen Fertigkeiten und handwerklichen Nutzungen bestimmt: ein Kellerraum in dem Käse gemacht wurde, ein Raum für den Webstuhl, Bottiche, in denen Sauerkraut verarbeitet wurde, Gläser, in denen Mirabellen eingeweckt wurden, oder die Scheune, die voll mit Rechen, Äxten und Mistgabeln war.

▲ Ein historischer Webstuhl. Die Bauern waren autark und produzierten ihre Textilien selbst.
▼ Gestapelte Käseschachteln.

Auf der Ferme (übersetzt: Bauernhof) war es damals üblich, dass mehrere Generationen zusammenlebten. Vor allem wie eng alles beisammen war – von der Viehhaltung über die Räucher- und Mahlkammer bis zur gemütlichen Wohnstube – ist erstaunlich. Das Vieh war sozusagen Teil der Großfamilie. Der Speck hing zuweilen mitten im Wohnraum. Ein Raum sticht in Sainte-Marguerite jedoch hervor: Ein großer Saal, ausgestattet mir einer immensen Anzahl von historischen Utensilien, in dem Tanzveranstaltungen stattfanden. »Damit hat eigentlich für uns hier alles angefangen. Wir haben in dem Saal den lothringischen Fokloretanz Soyotte geübt. Deshalb heißt es auch Musée de la Soyotte. Später wurde

Mit den Käsestampfern wurde der Munsterkäse hergestellt.

dann die Idee für das Museum geboren. Auch heute gibt es hier noch regelmäßig Tanzveranstaltungen«, erklärt die Vereinspräsidentin. Im Speicher findet sich eine weitere große Ausstellung mit den damals üblichen Holzschuhen (Glogs), Pferdehalftern, Holzspielzeug und vielen weiteren gebräuchlichen Utensilien des Landlebens des 19. Jahrhunderts. Er hat etwas von einer Zeitreise, der Besuch des alten Bauernhofs nur wenige Kilometer von Saint-Dié-des-Vosges entfernt. Akribisch wurden hier die Artefakte bäuerlichen Lebens zusammengetragen. »Ich gehe aber auch immer wieder gerne auf den Flohmarkt und ergänze die Kollektion, wenn ich etwas Interessantes der damaligen Zeit finde«, betont die Französin.

Die Ferme Musée de la Soyotte befindet sich in 684 Chemin du Greffier in Sainte-Marguerite (über die N59/D420 erreichbar). ☏ 00 33 / 3 29 56 68 89, Internet: www.soyotte.fr. Eintritt: Erwachsene: 6 Euro, Kinder: 3 Euro, Gruppen: 5 Euro pro Person. Öffnungszeiten: Mai bis September: Dienstag bis Samstag von 10 bis 12 Uhr und von 14 bis 17 Uhr. Sonntags und an Feiertagen von 14 bis 17 Uhr. Oktober bis April: Dienstag bis Samstag von 14 bis 17 Uhr. Auf dem Hof werden Honig, Marmelade, Brot, Brände und Bonbons verkauft. Der Ort ist nur einige Kilometer von Saint-Dié-des-Vosges, dem Hauptort der Vogesen, entfernt. In Saint-Dié wurde vom Kartographen Martin Waldseemüller erstmals die Bezeichnung Amerika des neu entdeckten Erdteils Amerika auf einer Landkarte verewigt. Etwa eine Autostunde entfernt in westlicher Richtung gibt es mit Xaronval (bei Charmes) ein Dorf, das sich jeweils im Sommer in ein lothringisches Handwerkerdorf des 19. Jahrhunderts verwandelt.

48 Vordenker der Europäischen Union

Robert Schuman kämpfte für ein geeintes Europa / Museum bei Metz erinnert an Minister aus Lothringen / Europäisches Museum Schengen dokumentiert Reisefreiheit innerhalb der EU

Plakat am Maison Schuman bei Metz.

Was Robert Schuman über die Finanzkrise, den Fall Griechenland und das zwischenzeitliche Auseinanderdriften der EU-Staaten sagen würde, kann man nur erahnen. In jedem Fall gilt der frühere Ministerpräsident und Außenminister Frankreichs als einer der »Väter Europas«. In Scy-Chazelles bei Metz ist dem 1963 verstorbenen Lothringer ein sehenswertes Museum gewidmet. Schließlich brachte Schuman mit der Erklärung für eine Neukonstruktion Europas (beginnend mit einer Montanunion) die politische Föderation Europas auf den Weg. »Sein Ziel war es, eine gemeinsame Verwaltung für die Schwerindustrie zu schaffen, welche wiederum die Basis für die Rüstungsindustrie war. Damit sollte ein Krieg zwischen den Ländern Westeuropas künftig grundsätzlich vermieden werden, indem die Nationen industriell stark miteinander vernetzt werden«, erklärt Ghislain Knepper, der durch das Maison Schuman führt. Der Schuman-Plan von 1950 gilt als Ursprung eines geeinten Europas. Es handelte sich bei der Montanunion quasi um einen Vorläufer des Gründungsvertrags der Europäischen Gemeinschaft. Sechs Länder (Frankreich, Deutschland, Italien, Belgien, Luxemburg und die Niederlande) unterzeichneten den Vertrag. 1958 folgten die Römischen Verträge, die Europäische Gemeinschaft und schließlich die Europäische Union, wie wir sie heute kennen. »Schuman war ein Europäer durch und durch. Er ist im Luxemburger Stadtteil Clausen aufgewachsen, war im Ersten Weltkrieg in der deutschen Verwaltung tätig. Nach der Abtrennung Lothringens wurde er Franzose und kämpfte im Zweiten Weltkrieg in der Résistance. Als französischer Außenminister setzte er sich später für die Aussöhnung der beiden Nationen ein. Er war einer der führenden Persönlichkeiten der Vierten Republik«, so Knepper. Gerade seine Jugend in Luxemburg hatte den Juristen sehr geprägt. Der Vater stammte aus Lothringen, die Mutter aus Luxemburg. Schuman studierte unter anderem in Berlin und Bonn. Mehr Europa geht im Grunde kaum. Nach seinem Jurastudium eröffnete er eine Anwaltskanzlei in Metz. 1952 legte er sein Amt nieder, hielt zwar dann und wann noch Vorträge, lebte aber eher zurückgezogen im Département Moselle. 1958 wurde Schuman zum ersten Präsidenten des Europäischen Parlaments gewählt. Im selben Jahr erhielt er aufgrund seiner Verdienste für Europa die Ehrendoktorwürde der Katholischen Universität Leiden in Belgien. Ebenfalls 1958 wurde ihm der Internationale Karlspreis der Stadt Aachen für sein Engagement für die Einheit Europas verliehen. 1960 erkrankte der Politiker schwer. »Mithilfe von Vertrauten widmete er seine letzten Kräfte der Zusammenstellung seiner wichtigen Reden zu Europa, ehe er drei Jahre später starb. ›Man wird nicht als Europäer geboren. Man entwickelt sich dazu‹, lautete sein Credo. Der humanitäre Gedanke und sein tiefer katholischer Glaube waren die Richtschnur seines Handelns«, resümiert Knepper.

Rund 17.000 Menschen besuchen das Maison Schuman in Scy-Chazelles pro Jahr.

Wenn man durch das Maison Schuman schreitet, sieht man alles andere als Prunk und Luxus. »Es ist ein typisches lothringisches Haus seiner Zeit. Natürlich ein Haus des Großbürgertums. Aber Schuman war tief vom christlichen Glauben geprägt und lebte sehr bescheiden. Den einzigen Luxus, den er sich leistete, war eine große Bibliothek mit mehr als 8000 Bänden, die bis ins Mittelalter zurückreichen«, so der Guide, während er auf den Schreibtisch deutet, an dem Schuman die berühmte Erklärung verfasste, die zu einem geeinten und friedlichen Europa führen sollte. Rund 17.000 Interessierte besuchen das Haus nebst Museum und Garten pro Jahr. Ein Drittel davon sind Schulklassen. Briefwechsel, Karten und Filme dokumentieren das Wirken des Mannes, der stets bestrebt war, Europa zu einen. Ferner gibt es in dem bilingualen Mu-

An diesem Schreibtisch wurde die Erklärung für die Montanunion verfasst, dem Vorläufer der EU.

Das europäische Museum Schengen. Das Abkommen in dem Luxemburger Dorf hat Geschichte geschrieben.

seum nebst Garten aktuelle Ausstellungen zu europäischen Themen. An das Erbe Schumans knüpft das europäische Museum in Schengen an. In dem kleinen Luxemburger Weindorf, dessen Name durch das Schengener Abkommen weltweit bekannt wurde, ist die Vision des Politikers Realität geworden. Das 200 Quadratmeter große Museum erinnert mit einer Dauerausstellung an die Abschaffung der Grenzkontrollen an den Binnengrenzen der EU-Staaten. Der Begriff des Schengener Abkommens von 1985 steht international als Synonym für die Reisefreiheit innerhalb Europas. Zahlreiche Fotos, Dokumente und Infotafeln informieren anschaulich über diesen historischen Schritt. In dem Museum sind beispielsweise die amtlichen Kopfbedeckungen der früheren Zöllner der Mitgliedsstaaten zu sehen oder ein alter Grenzstein aus Luxemburg. Begriffe wie »Politisches Asyl« werden ebenso erklärt wie die Eckdaten des Wegs zur EU. Mithilfe einer Kartenanimation wird die europäische Grenzgeschichte von 1815 bis heute erläutert, es gibt das Mitmach-Projekt »Schengen für Kinder« und etliche Filme über die zentralen Abkommen auf dem Weg zu einem gemeinsamen Europa. Und am Ende kann der Besucher, schließlich befindet sich das Museum mitten im Weinanbaugebiet der Mosel, auch noch einen Europa-Wein erstehen.

Maison de Robert Schuman 48a: Scy-Chazelles liegt westlich, rund 15 Minuten vom Metzer Stadtzentrum entfernt und ist über die D103G erreichbar. Das Maison Schuman befindet sich in 8–12 rue Robert Schuman. ☎ 00 33 / 3 87 35 01 40, Internet: www.maison-robert-schuman.eu. Geöffnet vom 1. April bis 31. Oktober (außer dienstags) von 10 bis 18 Uhr. Eintritt: 5,50 Euro, ermäßigt: 3 Euro. Das Haus ist zudem Bildungszentrum mit Seminaren und Workshops, die sich mit Europa befassen. Neben dem historischen Wohnhaus kann man auch den Garten und die Wehrkirche besuchen. Europäisches Museum Schengen Luxemburg 48b: Das Museum (Rue Robert Goebbels) liegt idyllisch an der Mosel im Dreiländereck Luxemburg/Deutschland/Frankreich (unweit der A8/A13). Öffnungszeiten: Dienstag bis Freitag von 10 bis 17 Uhr. Samstag und Sonntag von 14 bis 17 Uhr. Der Eintritt ist frei. Das Museum ist dreisprachig konzipiert (Dt./Franz./Engl.), Gruppenführungen sind möglich. ☎ 00 352 / 26 66 58 10.

49 Im Land der roten Erde

Mine von Rumelange erinnert an die Ära der Montanindustrie im Großherzogtum

Weltweit bekanntes Symbol der Mineure: die gekreuzten Hämmer.

Tief unter die Erde geht es bei einem Rundgang im Nationalen Bergbaumuseum in Rumelage. Und zwar in der Regel mit der Mineneisenbahn. Einst hieß der Süden Luxemburgs Terre rouge (Land der Roten Erde). Hier wurde bis in die 1960er-Jahre Eisenerz in großem Stil abgebaut. Damals zählte das Großherzogtum zu den führenden Ländern in Europa, was den Abbau von Eisenerz anbelangt. Die Finanzindustrie, für die Luxemburg heute steht, war noch in weiter Ferne. Das »kleine Ruhrgebiet« in der Region von Lothringen und Luxemburg war das Land der Minenarbeiter und Malocher.

Bereits 1850 begann der Tagebau in kleinerem Ausmaß durch lokale Grundbesitzer und luxemburgische sowie belgische Hüttenherren. Die Verarbeitungsbetriebe befanden sich damals allesamt außerhalb des Erzbeckens in Dommeldange und Steinfort, in Belgien und der Saar. Der Transport wurde zuerst mit Karren durchgeführt, dann durch die neu errichteten Eisenbahnen. Ab etwa 1870 begann die industrielle Förderung. Mehr als 500 Millionen Tonnen des Gesteins wurden in der knapp 100 Jahre währenden Ära von 1870 bis 1963 in den Gruben der Montanindustrie der Region abgebaut. Dann lohnte es sich nicht mehr. Die Ablagerungen der Minen in Luxemburg wiesen nur einen Eisengehalt von etwa 34 Prozent auf. In Brasilien oder Australien, die heutzutage zu den größten Förderern des Eisenerzes zählen, beträgt der Eisengehalt rund das Doppelte. Man nannte die Minen in Luxemburg auch Minette (französische Verkleinerungsform für Mine) was auf den geringen Eisengehalt hinweist. Die Stahlkrise erwischte die Hüttenwerke in Benelux dann mit voller Wucht. 1960 wurde mit rund sechs Millionen Tonnen die letzte große Fördermenge im Großherzogtum erreicht. Die letzte Zeche in Luxemburg schloss schließlich 1981 mit dem Bergwerk in Differdingen (luxemburgisch: déifferdeng, französisch: differdange). 1973 bereits wurde das Musée National des Mines in Rumelange

Museumsmitarbeiterin Aleksandra Gulbicki informiert die Besucher.

(luxemburgisch: Rëmeleng, deutsch: Rümelingen) eröffnet, das an die Tradition der Montanindustrie im vorwiegend französischsprachigen Teil des Großherzogtums erinnert. »Die ganze Region Lothringen und Luxemburg ist unter Tage durch Stollen verbunden. Mann könnte unterirdisch bis nach Metz laufen. Das ist quasi wie ein Schweizer Käse mit Zehntausenden von Kilometern«, berichtet Aleksandra Gulbicki. Die junge Frau aus dem Nachbarort Schifflange, die in Heidelberg studiert hat, informiert Besucher über das kulturelle und technische Erbe der Mineure im Süden Luxemburgs. Der offizielle Rundgang für Besucher in dem stillgelegten Schacht von Rumelange ist etwa 3,2 Kilometer lang und liegt etwa 100 Meter unter der Oberfläche.

Die Sammlung des Nationalen Grubenmuseums umfasst Maschinen, Geräte und Archivdokumente, die im Zusammenhang mit der Eisenerzförderung von Mitte/Ende des 18. Jahrhunderts bis zur Schließung des Werks in Differdingen Anfang der 1980er-Jahre stehen. Lampen, Werkzeuge, Pickel, Schaufeln, Hämmer, Loren, mit denen das Erz transportiert wurde, Messinstrumente oder schweres Gerät informieren vor Ort über die harte Arbeit unter Tage. In den Vitrinen des Ausstellungsraums sind Erze und Fossilien ausgestellt. »Das war damals eine physisch außerordentlich schwere Arbeit und natürlich sehr gefährlich. Zu Beginn nutzten die Mineure Schwarzpulver, um das Gestein zu sprengen. Später halfen Maschinen«, so

Aleksandra Gulbicki. Zunächst arbeiteten die Kumpel bei Kerzenschein, später benutzten sie Öllampen, dann Karbidlampen und schließlich elektrisches Licht. Insgesamt gab es vier Gruben, in Schifflange wurde beispielsweise überwiegend Kupfer abgebaut. Die Mitteltemperatur im Stollen beträgt weitgehend konstante 10 Grad. »Das ist ein bedeutendes Stück unserer Industriekultur, an das wir im Bergbaumuseum erinnern möchten«, betont die Museumsmitarbeiterin. Die Transformation in die Moderne ist im Übrigen bestens geglückt. So werden regelmäßig Konzerte und kulturelle Veranstaltungen in dem abenteuerlich anmutenden Ambiente unter der Erde angeboten, damit die Mine nicht nur ein Ort der Erinnerungskultur ist, sondern auch heute noch eine aktive Rolle für die Menschen der Gegend spielt.

Die Heilige Barbara: Schutzpatronin der Minenarbeiter.

Die Grubenführung mit Bahnfahrt kostet 9 Euro, ermäßigt 5 Euro. Es gibt spezielle Tarife für Gruppen. Das Museum hat für Einzelbesucher April, Mai, Juni und September geöffnet. Jeweils von Donnerstag bis Sonntag von 14 bis 18 Uhr). Für Gruppen ist das Bergbaumuseum ganzjährig geöffnet. Bevor es hinab geht, werden erst einmal Helme aufgesetzt. Und nach der Tour lockt die Brasserie du Musée mit einem deftigen Minenarbeiter-Menü. Dort gibt es unter anderem Gamelle du Mineur (Rindergulasch mit Kartoffeln, Paprika und roten Bohnen). Mehr Infos: ☎ 00 352 / 56 56 88, Internet: www.mmm.lu. Rumelange liegt südlich von Elsch-sur-Alzette an der D59/Route nationale 33. Das Museum ist ausgeschildert.

50 Die große Zeit der mechanischen Musikautomaten

Mirecourt in den Vogesen war zwei Jahrhunderte lang das französische Zentrum für Orchestrion- und Drehorgelbau

Mirecourt im Département Vosges ist so etwas wie die heimliche französische Hauptstadt der Geigenbauer. Der Instrumentenbau hat südlich von Nancy eine lange Tradition. Schon seit dem 17. Jahrhundert werden hier Geigen, Celli oder Bratschen von höchster Qualität produziert und machen das kleine Städtchen am Fluss Madon zum Zentrum des französischen Violinbaus. Einst wurden hier Stradivaris für Paganini restauriert. Heutzutage schwören auch Rockmusiker wie Eric Clapton auf die Handwerkskunst aus Lothringen. Rund zwei Dutzend Geigenbauer sind heute noch in dem Ort tätig und produzieren Klangkörper auf höchstem Niveau. Aber nicht nur der Violinenbau auch die Produktion mechanischer Musikinstrumente kann auf eine lange Historie in Mirecourt verweisen. Seine Blütezeit hatte das Orchestrion, ein selbst spielender Musikautomat, in der Mitte des 19. Jahrhunderts. Es kann nahezu ein komplettes Orchester imitieren und ging einst aus einer eher simplen Spieluhr hervor. Das Konzertorchestrion war für die Salons der Hautevolee und die Hallen großer Hotels konzipiert und spielte meist Musik wie Beethoven-Symphonien, Opern-Ouvertüren oder Märsche und Tanzmusik. Zuweilen stand es auch in Gasthäusern. Nach dem Zweiten Weltkrieg war dessen Geschichte jedoch bereits wieder zu Ende. Die Musik spielenden Geräte setzten Patina an und wurden durch die modernere Juke Box ersetzt.

Meist mittels atmosphärischer Luft und Unterdruck wurde die Membran der pneumatischen Instrumente jeweils aktiviert. Eine beeindruckende Sammlung mechanischer Musikautomaten und Drehorgeln ist im Maison de la Musique Mécanique in Mirecourt zu

Die Orgel »Limonaire« aus der Orgelbau-Hochburg Mirecourt.

sehen. Zwei Jahrhunderte mechanischer Musik – von der Spieldose bis zum selbstspielenden Orchester – werden hier eindrucksvoll dokumentiert. Circa 7000 Interessierte besuchen das kleine, aber feine Museum auf zwei Etagen jährlich. »Die meisten unserer Besucher kommen aus der Region. Wir haben aber auch zahlreiche Gäste aus Belgien, Luxemburg, Holland oder Deutschland«, weiß Museumsführerin Lauence Louviot. Besonders stolz ist sie auf die Seri-

Museumsführerin Laurence Louviot mit einer Poirot-Orgel von 1877.

nette, auch Vogelorgel genannt. Die kleine Hand-Drehorgel wurde ursprünglich zum Abrichten von in Käfigen gehaltenen Singvögeln verwendet – speziell die Finkenart Zeisig (frz. serin, daher auch der Name Serinette). »Die Drehorgel wurde von berühmten lokalen Orgelbauern wie Besnard, Bourdot oder Gavot in Mirecourt produziert. Vor allem am Hof des Herzogs Stanislas in Lunéville war sie sehr beliebt. Sie wurde so populär, dass sie im 19. Jahrhundert in Pariser Warenhäusern verkauft und ein gängiges Kinderspielzeug wurde«, berichtet die Lothringerin. Eine typische Serinette enthält in einem Holzkasten zehn Pfeifen aus Holz oder Metall, die in einer dem Vogelgesang entsprechenden Tonhöhe bis zu acht einfache populäre Melodien wiedergibt. Der Ablauf der Melodien wird mit Hilfe von Stiften auf einer Walze aufgebracht, die wiederum Ventile an den einzelnen Pfeifen öffnen oder schließen. Gleichzeitig wird mit der Handkurbel, welche die Walze in Bewegung bringt, auch ein Blasebalg betätigt, der die nötige Luft erzeugt. Sie wurde in zwei Modellen – der Marline und der Perroquette – produziert. Im 19. Jahrhundert war die Serinette häufig auch in bürgerlichen Salons als Unterhaltungsinstrument anzutreffen oder wurde als Kinderspielzeug genutzt. Später verloren die Serinette wie auch andere mechanische Musikautomaten ihre Bedeutung. »Die Herstellung der selbst spielenden Musikautomaten in Mirecourt begann etwa um 1740. Zur Zeit der industriellen Revolution und der fortschreitenden Mechanisierung arbeiteten hier einige Hundert Menschen in der Branche, die nach 1945 ihr Ende fand. Aber gut zweihundert Jahre war der Ort die Kapitale des Orchestrionbaus«, weiß die Museumsführerin. Zu den prominentesten Orgelbauern in den Vogesen zählte die Poirot-Familie, die zahlreiche Orgeln für Kirchen baute und über vier Generationen zu den Marktführern zählte. »Die selbstspielenden Drehorgeln mit Lochkarte und Pneumatik wurden bis nach Chile, Argentinien oder Kuba ausgeliefert. Das Orchestrion Accordéo-Jazz war in Pariser Pianobars und Cafés in Flandern äußerst beliebt«, berichtet Laurence Louviot über die Epoche der Musikautomaten in Zeiten von Orient-Express und Ozean-Riesen.

Das Accordéo-Jazz brachte Pariser Salons zum Swingen.

Das kommunale Museum Maison de la Musique Mécanique befindet sich in der rue Chanzy 24 in Mirecourt. Im Haus ist auch das Museum für Klöppeln untergebracht. Den Ort in den Vogesen erreicht man über die D166. Sehenswert ist auch das Violinenbau-Museum Musée de la Lutherie et de l'Archèterie Françaises. Eintritt für das Musikautomatenmuseum für Erwachsene: 4,20 Euro. Ermäßigt: 2,20 Euro. Es gibt zudem Gruppentarife. Das Museum ist auf Französisch und Englisch konzipiert. Mehr Infos: ☎ 00 33 / 3 29 37 51 13. Internet: www.musique-mecanique-mirecourt.fr

Hoteltipps

1, 2b, 4a/b, 7, 15, 24, 29, 39: Hôtel Parc Belle-Vue Luxemburg-Stadt, 8 avenue Marie-Thérèse, www.parcbellevue.lu, ☏ 00 352 / 45 61 411, 3-Sterne-Hotel, DZ ca. 120 €. Nettes Hotel in zentraler Lage mit schöner Aussicht.

2a, 12, 17, 33, 38,43b: Hôtel des Prélats Nancy, 56 place Monseigneur Ruch, www.hoteldesprelats.com, ☏ 00 33 / 3 83 30 20 20. 3-Sterne-Hotel, DZ ca. 120 €. Schickes und traditionelles Hotel unweit des Place Stanislas.

3, 10, 13, 17, 35, 45: Hôtel Europe Saverne, 7 rue de la gare, www.hotel-europe-fr.com, ☏ 00 33 / 3 88 71 12 07, 3-Sterne-Hotel, DZ zwischen 77 und 105 €, modern eingerichtet in historischem Stadthaus

6, 11, 16, 23, 27, 44, 46: Hôtel Le Strasbourg Bitche, 24 rue Colonel Teyssier, www.le-strasbourg.fr, ☏ 00 33 / 3 87 96 00 44, 3-Sterne-Hotel, DZ ca. 80 €, individuell und nett eingerichtete Zimmer.

8: Hotel de la Sure Echternach, 49 rue de la gare, www.hoteldelasure.lu, ☏ 00 352 / 72 88 06, 3-Sterne Hotel, DZ zwischen 80 und 120 €, großzügige Zimmer mitten im Zentrum (aber sehr ruhig, da im Hinterhaus)

9, 40: L`auberge de Marville, 1 place de l'église, www.aubergedemarville.com, ☏ 00 33 / 3 29 88 10 10, 2-Sterne-Hotel, DZ ca. 70 €, charmantes, historisches Haus direkt am beschaulichen Marktplatz.

25, 47: La Cheneaudière Colroy-la-Roche, 3 rue du Vieux Moulin, www.cheneaudiere.de, ☏ 00 33 / 3 88 97 61 64, 4-Sterne-Hotel, DZ ca. 220 €, Luxus-Wellness-Tempel mitten in den Vogesen plus Nobel-Restaurant.

14, 41, 43a, 50: Hôtel Mercure Epinal Centre, 13 place Emile Stein, www.arcor-hotels.com, ☏ 00 33 / 3 29 29 12 91, 4-Sterne-Hotel, DZ ca. 110 €, modern eingerichtetes Hotel unweit des Hauptbahnhofs von Epinal

20, 21, 30, 37, 48a: Hôtel du Théâtre Metz, 3 rue du Pont Saint-Marcel, www.hoteldutheatre-metz.com, ☏ 00 33 / 3 87 31 10 10, 3-Sterne-Hotel, DZ ca. 100 €, sehr charmant eingerichtetes Hotel mit Blick auf einen Mosel-Arm.

22: Arnsbourg Baerenthal, 18 Untermuehltal, www.arnsbourg.com, ☎ 00 33 / 3 87 06 50 85, 4-Sterne-Hotel, DZ ca. 250 €. Idyllisch gelegenes Hotel. Das Restaurant hatte bis Anfang 2015 drei Michelin-Sterne. Der Küchenchef übernahm jedoch die Villa Lalique in Wingen-sur-Moder und die Michelin-Sterne in Baerenthal erloschen.

26: Mercure Thionville Centre Hotel, 2 rue Georges Ditsch, www.accorhotels.com, ☎ 00 33 / 3 82 51 84 22, 3-Sterne-Hotel, DZ ca. 80 €, modern eingerichtetes Hotel nahe des Stadtzentrums.

28, 36: Auberge de L'Our Vianden, 35 rue de la gare, www.aubergevianden.lu, ☎ 00 352 / 83 46 75, 3-Sterne-Hotel, DZ ca. 100 €, nettes Hotel am Ufer der Our.

19, 32, 49: The Seven Hotel Esch-sur-Alzette, Am Park Gaalgebierg, www.thesevenhotel.lu, ☎ 00 352 / 54 02 28, 4-Sterne-Hotel, DZ ca. 130 €, sehr stylishes Design-Hotel mit Waldblick.

5, 42: Hôtel de Paris St. Avold, 45 rue du Général Hirschauer, www.hotel-st.avold.fr, ☎ 00 33 / 3 87 92 19 52, 3-Sterne-Hotel, DZ ca. 80 €, Hotel in historischem Gebäude im Zentrum mit Restaurant, Patisserie und angeschlossenem Salon de Thé.

18: Mercure Hotel Vittel, 158 avenue Bouloumie, www.mercure.com, ☎ 00 33 / 3 29 09 20 00, 4-Sterne-Hotel, DZ ca. 100 €, schönes Hotel im Herzen des Vogesen-Kurorts mit seinen Thermalquellen.

4b, 31, 34, 48b: Mondorf Parc Hotel, 52 avenue des Bains, www.mondorf.lu, ☎ 00 352 / 23 66 66 66, 4-Sterne-Hotel, DZ ca. 120 €. Außen Beton-Chic, innen top-moderne Zimmer mit Balkon. Inklusive ist Spa-und Bad-Aufenthalt in der großen Thermenlandschaft des Kurorts.

Außer der Reihe: Baum-Hotel in Lothringen, zwischen Metz und Nancy. Cabanes en Lorraine, Ancy-sur-Moselle, 24 rue de Lorraine www.cabanes-lorraine.com, ☎ 00 33 / 6 68 59 83 54. DZ zwischen 80 und 130 €. Zwei ungewöhnliche Baumhäuser (Pomottes, Tirouelle) hoch oben auf der Plattform einer Eiche.

Bildnachweis

S. 2/3, S.117, S. 126: Städtenetz QuattroPole
S. 44: Jacasse
S. 60: OT
S. 67, S. 69: Zoo Metz
S. 91: Toni Frissell/Family of Man Lux./CNA
S. 93: Jack Delano/Family of Man Lux./CNA

Folgende Bilder sind lizenziert unter der Creative Commons-»Namensnennung-Weitergabe unter gleichen Bedingungen«-Lizenz
in der Version 1.0:
S. 135: Alain Meier
in der Version 2.0:
S. 97: dalbera/Paris
in der Version 2.5:
S. 79 oben: Ramon Vasconcellos
in der Version 3.0:
S. 46: Jean-Marc Pascolo
S.100: Feles
S. 105: KyleCassidy
S. 114: Vincent de Groot, www.videgro.net
S. 2 oben, S. 121: Marc Ryckaert (MJJR)
S. 137: Badzil

alle anderen Bilder: Volker Knopf

Projektmanagement & Lektorat: Julia Prus
Korrektorat: Tatjana Weiß
Satz & Layout: Beatrice Hildebrand
Umschlaggestaltung und Übersichtskarte Umschlag hinten:
Stefan Krauss, www.post-scriptum.biz
Karten Umschlaginnenseiten: Ralf Paucke, Vaihingen/Enz
Druck: Orga-Concept e. K., Filderstadt

ISBN 978-3-7650-8716-5